ESSAI

SUR

LA VIE ET LES OUVRAGES

DE NICOLE ORESME

ESSAI

SUR

LA VIE ET LES OUVRAGES

DE NICOLE ORESME

PAR

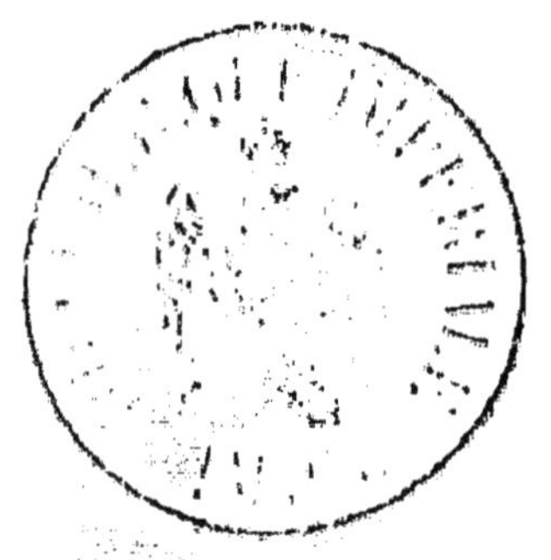

FRANCIS MEUNIER

PARIS

TYPOGRAPHIE DE CH. LAHURE

IMPRIMEUR DU SÉNAT ET DE LA COUR DE CASSATION

RUE DE VAUGIRARD, 9

1857

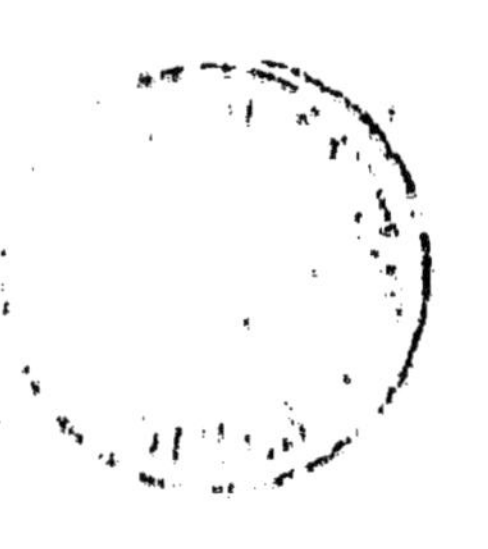

A

M. ÉMILE EGGER

TÉMOIGNAGE

DE

RECONNAISSANCE

ESSAI

SUR NICOLE ORESME.

Celui dont il est question dans ces pages vivait en France au XIVe siècle. Artisan de sa fortune, il a été successivement boursier, grand maître du collége de Navarre, doyen de l'église de Rouen et évêque de Lisieux. Auteur ou traducteur de nombreux ouvrages sur l'astrologie, sur les sciences physiques et naturelles, sur la théologie et la prédication, sur la cosmographie, sur la morale, sur la politique et sur l'économie sociale et domestique, il n'a pas été seulement un des plus savants hommes, il s'est encore montré un des plus sages et des plus fermes esprits de son temps. S'il n'a point parlé la langue latine avec toute la pureté désirable, il n'a pas du moins contribué à la gâter, et il faut reconnaître qu'il a bien mérité de la langue française.

Raconter sa vie en recherchant ce qu'il y a de vrai et

ce qu'il y a de faux dans les divers récits que l'on en a faits, et les compléter au besoin ; dresser une liste exacte de ses ouvrages subsistants ou perdus, en distinguant entre tous ceux qui lui ont été attribués ceux qui sont de lui et ceux qui n'en sont pas, et apprécier ceux qui appartiennent aux belles-lettres, voilà l'objet de ce livre.

PREMIÈRE PARTIE.

VIE D'ORESME.

I.

Premières années de la vie d'Oresme.

On a appelé Oresme *Nicolas* et même *Jean*; on l'a nommé en latin *Orem*, *Oresmus*, *Oresimus*, *Oremius*; en français *Oresmius*, *Orème*, *Oresmes*, d'*Oresme*, d'*Oresmieux*, *Orem*, *Oréme*. Son véritable prénom était *Nicole*, et son nom s'écrivait *Oresmius* en latin, *Oresme* en français[1].

On l'a fait naître, l'un[2] vers 1320, date purement conjecturale; ceux-ci[3], à Bayeux, mais sur quel fondement? ils ne l'ont pas dit; ceux-là[4], à Caen, mais la présence de quelques Oresme en cette ville au XIVe et au XVIIe siècle suffit-elle pour prouver l'assertion? d'autres[5] enfin, au petit village d'Allemagne, près de

1. Manuscrits de la Bibl. Imp.
2. Bouillet, *Dict. univ. d'hist. et de géogr.*
3. Un des annotat. de la Bibl. de du Verdier (Rigoley de Juvigny), un des rédacteurs du *Gallia christ.* (art. des évêques de Lisieux).
4. Huet, *Origines de la ville de Caen*, d'après un certain Halley, Moréri, *Dictionn.*, d'après Huet.
5. Louis Dubois et Foisset jeune, *Biogr. univ.*

Caen : tradition orale et locale, dont l'autorité est bien faible à cinq cents ans de distance.

Où et comment fit-il ses premières études? On l'ignore.

Ce qui est certain, c'est qu'en 1348 il étudiait la théologie au collége de Navarre à Paris [1], et que dès le XIVe siècle il passait en France pour Normand [2].

C'est une triste date dans l'histoire du genre humain que celle de 1348 : elle rappelle l'année de la fameuse peste noire, dite de Florence. Au mois d'août 1348, il mourait à Paris jusqu'à huit cents personnes par jour [3]. Peut-être est-ce la mort de quelque boursier qui a ouvert à Oresme les portes du collége de Navarre.

II.

Oresme au collége de Navarre.

Un collége au XIVe siècle n'était pas ce qu'est un collége au XIXe.

Un asile fondé sous le nom d'hospice, d'hôpital ou d'hôtel, par la charité privée en faveur de la pauvreté studieuse, où l'on entrait ici sans conditions, là d'après certaines conditions de naissance, de famille, de patrie, d'âge, d'avoir, de capacité, d'études, de vocation, soit par présentation, soit par élection; où l'on trouvait tantôt le logement et l'entretien; tantôt le logement,

1. Launoii *Hist. coll. Nav.*
2. Bibl. Imp. anc. f. lat. Ms. n° 3074.
3. Michelet, *Hist. de France*, III, 342.

l'entretien et l'instruction; où l'on recevait chaque semaine sous le nom de bourse une somme plus ou moins forte, avec laquelle on devait payer ses dépenses et pouvait trop souvent satisfaire ses passions; où l'on restait un temps plus ou moins long, soumis à une règle parfois bien large, et dont la sanction ordinaire était l'amende, sous un chef dont l'âge, la science et l'autorité variaient beaucoup d'un lieu à un autre; où l'on vivait en un mot comme dans un bénéfice, en usufruitier plus ou moins soucieux de ses successeurs, avec participation absolue à tous les priviléges dont jouissaient l'Université à Paris et le clergé en France: voilà ce qu'était en général un collége du XIVe siècle [1].

Fondé en 1304 par Jeanne, comtesse de Champagne, reine de Navarre et femme de Philippe IV le Bel, établi dès 1315 sur le haut de la montagne Sainte-Geneviève [2], « *l'Hostel des escholiers de Navarre* » était en particulier, en 1348, par le rang de ses patrons, le taux et le nombre de ses bourses, la sagesse de ses statuts et la sévérité de sa règle, le premier collége de Paris.

Le roi de France en conférait les bourses par l'intermédiaire de son confesseur et aumônier ordinaire, et le Parlement en surveillait l'administration par l'intermédiaire d'un membre de la Chambre des comptes.

L'entrée en était ouverte, sans condition de naissance, de famille ou d'âge et sans acception de province, à tout Français pauvre qui se destinait à l'étude de la

1. Bulæi *Hist. univ. Parisiensis*; dom Félibien, *Hist. de la ville de Paris*; Crevier, *Hist. de l'Univ. de Paris*.
2. Là où s'élève aujourd'hui l'École polytechnique.

grammaire, de la logique ou de la théologie, sans être affilié à un ordre religieux.

On y comptait soixante-dix boursiers, savoir : un grand maître, supérieur général des trois divisions dont se composait la maison, et maître spécial de la division de théologie, lequel était à la nomination du doyen et des membres de la Faculté de théologie, et dont la bourse valait vingt sols parisis par semaine; dix-neuf théologiens, à huit sols; un maître ès arts, à douze; un sous-maître, à huit; vingt-huit artistes, à six; un maître grammairien, à huit; un sous-maître, à six; dix-huit grammairiens, à quatre.

On y comptait encore quatre chapelains, à huit sols parisis; quatre clercs, à quatre sols, et quinze jeunes garçons pauvres, sans parler des gens de service.

Pour y entrer, il fallait faire ses preuves de pauvreté. On n'y obtenait une bourse de grammairien qu'en prouvant que l'on n'avait pas trente livres de rente; d'artiste, qu'en prouvant et jurant qu'on n'en avait pas quarante; de théologien, soixante.

Pour y rester, il fallait être en état de faire toujours les mêmes preuves de pauvreté, à la première réquisition. Quiconque acquérait par héritage ou par obtention de bénéfice un revenu supérieur au taux réglementaire, perdait de droit sa bourse.

En y entrant, on jurait, la main sur l'Évangile, d'en observer fidèlement la règle, d'en garder, défendre et faire valoir les droits et priviléges, de n'en jamais révéler les secrets.

Le collége de Navarre comprenait autant de bâtiments distincts que de divisions : la chapelle seule y était commune.

La volonté de la fondatrice et les statuts de ses exécuteurs testamentaires en avaient fait et en faisaient encore une maison qui tenait à la fois de l'hôtel garni, du collége, du séminaire et de l'hospice.

Il tenait de l'hôtel garni en ce que les grammairiens et les artistes en pouvaient sortir à toute heure de jour, sinon de nuit, à la seule condition d'en demander la permission et d'être accompagnés d'un de leurs camarades ; en ce que les théologiens en sortaient seuls et sans permission, aussi souvent qu'il leur plaisait ; en ce que les grammairiens, artistes et théologiens y pouvaient admettre, héberger et loger dans leurs chambres qui bon leur semblait.

La répartition en divisions, et dans chaque division l'uniformité de la coupe et de la couleur des vêtements, la communauté des repas, la régularité des exercices religieux et littéraires, la défense, enfin, commune aux trois divisions, du port d'armes à l'intérieur ou au dehors, en faisaient un collége.

La qualité de clerc donnée à chaque boursier, qu'il fût ou non dans les ordres, l'obligation pour tous de porter une tonsure, de réciter certaines prières et d'assister à la messe, aux vêpres, au sermon et à un grand nombre d'offices ou de cérémonies particulières, non-seulement les dimanches et jours de fête, mais encore en diverses autres occasions, la nécessité où se trouvait tout boursier qui encourait une excommunication, de se faire absoudre au plus tôt, parce que l'anathème entraînait suspension, puis privation de bourse, la présence, enfin, à Avignon, de deux nonces entretenus aux frais de la communauté pour y solliciter des bénéfices en faveur de ses membres, en faisaient un séminaire.

Il tenait enfin de l'hospice, en ce qu'il contenait quinze lits pour autant de jeunes garçons valides, mais pauvres, qui y étaient nourris de la desserte des boursiers[1].

On ignore si Oresme était déjà dans les ordres lorsqu'il entra au collége de Navarre. Il y est resté huit ans soit comme étudiant, soit comme maître en théologie, de 1348 au 4 octobre 1356, et cinq en qualité de grand maître et de professeur de théologie, du 4 octobre 1356 au 4 décembre 1361.

Comme la règle n'y permettait pas l'emploi du français à l'intérieur, et qu'au dehors non-seulement toutes les leçons mais encore tous les sermons universitaires se faisaient en latin, Oresme a passé ces treize ans à parler habituellement latin.

Les devoirs du boursier en théologie étaient de deux sortes : religieux ou littéraires. Il devait assister et participer à tous les offices qui se célébraient dans la chapelle; il devait faire une leçon sur la Bible chaque fois que revenait sa semaine et un sermon à certains jours de fête, pour se préparer à l'enseignement et à la prédication au dehors, puis, sous peine de perdre sa bourse, être en état de prêcher dans les paroisses après

1. Launoii *Hist. coll. Nav.*

six ans ; de professer un cours sur la Bible, après sept ; sur les *Sentences*[1], après dix.

La date de la réception d'Oresme au doctorat en théologie est inconnue. On a dit[2] qu'il était devenu grand maître du collége de Navarre en 1355. On s'est trompé. Il ne le fut que le 4 octobre 1356[3].

Jean II dit le Bon venait d'être vaincu et pris à Poitiers, le 17 septembre.

Comme grand maître de Navarre, Oresme était à la fois le supérieur général de tout le collége et le maître particulier de la division de théologie. Supérieur général, il veillait à ce que la règle fût observée par les maîtres ès arts ou en grammaire et par tous les boursiers; il accordait certaines permissions et certaines dispenses; il avait une des trois clefs du coffre-fort de la maison; il recevait annuellement les comptes des recettes et des dépenses dressés par le proviseur, et le serment du membre de la Chambre des comptes député pour les vérifier. Maître particulier, il enseignait la théologie aux boursiers les moins avancés; il dirigeait les plus instruits dans leurs travaux; il avait en outre, conjointement avec le proviseur de la maison, la nomination aux six places de jeunes garçons pauvres attachés à la division de théologie[4].

Le grand maître du collége de Navarre était encore, conjointement avec l'abbé de Sainte-Geneviève, gou-

1. Ouvrage de Pierre Lombard.
2. Huet, un des réd. du *Gallia christ.* (art. des doyens de Rouen), Moréri, L. Dubois et Foisset, Bouillet.
3. Launoii *Hist. coll. Nav.*
4. *Ibid.*

verneur et administrateur né du collége d'Hubant ou de l'Ave Maria [1].

On a les noms de ceux qui ont été, de 1348 à 1356, les maîtres ou les condisciples de Nicole Oresme au collége de Navarre; mais sauf celui d'un Guillaume Oresme, qui y fut boursier en grammaire en 1352 et en théologie en 1353, et dont on ne peut dire pourtant quel lien de parenté l'unissait à Nicole ni ce qu'il devint par la suite, aucun n'appelle l'attention. On n'a plus tous les noms de ceux qui de 1356 à 1361 y ont été soumis à sa direction ou y ont reçu ses leçons, mais aucun de ceux que l'on possède encore ne mérite d'être cité. Oresme, dont l'application au travail et la capacité sont suffisamment attestés par les nombreux et remarquables écrits qu'il a laissés, est le premier des boursiers de Navarre qui se soit fait un nom [2].

Il n'est pas facile de dire en quelle année a été composé chacun des premiers ouvrages d'Oresme, mais il y a beaucoup d'apparence que tous ceux qu'il a rédigés en latin sur l'astrologie, sur la physique, sur les monnaies et sur des matières théologiques, ainsi que tous ses sermons, si l'on en excepte seulement le plus célèbre, datent du temps qu'il a passé au collége de Navarre.

Pendant les treize années qu'il y est resté, une querelle qui avait commencé avant qu'il y entrât et qui ne finit qu'après qu'il en fut sorti, divisa l'Université de Paris.

1. Bul., *Hist. univ. Paris.*
2. Launoii *Hist. coll. Nav.*

La Faculté de théologie, dont le doyen avait eu accidentellement la préséance en 1339 sur le recteur, chef de la Faculté des arts, et la Faculté des arts dont le chef l'avait reprise de force en 1347 sur le doyen de la Faculté de théologie, n'avaient cessé, depuis ce temps, d'être en lutte ouverte. D'une part, les maîtres en théologie s'étaient engagés par serment à ne jamais renoncer aux prétentions qu'ils avaient élevées pour leur doyen, et, en attendant qu'elles fussent admises, ils s'abstenaient d'assister aux messes et aux assemblées de l'Université, depuis 1353, et de paraître à l'enterrement des maîtres ès arts, depuis 1358. D'autre part, les maîtres ès arts faisaient jurer aux candidats à la licence de soutenir toujours les droits du recteur, et le recteur avait publié un décret où les maîtres en théologie étaient déclarés excommuniés en vertu du statut de Robert de Courçon[1]. Cependant, après un appel au pape et quatre ans de procédure, les maîtres en théologie, désespérant de l'emporter, finirent par demander à l'évêque de Paris d'être relevés de leur serment qui était devenu une occasion de discorde, et ils le furent le 13 avril 1362[2]. Oresme, qui, en qualité de maître en théologie, avait dû être plus ou moins mêlé à cette querelle, n'appartenait plus alors à l'Université.

1. Statut de 1215.
2. Bul., *Hist. univ. Paris.*; Crevier, *Hist. de l'Univ. de Paris.*

III.

Oresme doyen de l'église de Rouen.

Elu doyen de l'église de Rouen par le chapitre de cette ville en 1361, il n'en avait pas moins prétendu rester grand maître du collége de Navarre, mais il n'avait pu faire admettre sa prétention.

Elle était en opposition formelle avec le testament de la fondatrice de la maison. On y lit en effet : « Et voulons que se aucun dudict nombre de ces escoliers ou « maistres estoyent beneficiez, c'est à sçavoir le gramarian de benefice qui vausist trente livres ou plus, « li arcian de benefice qui vausist quarante livres ou « plus, et li theologien de benefice qui vausist soixante « livres ou plus, tautost ung autre soit prins en son « lieu, et li beneficiez se chevisse le miex que il pourra « du sien hors de ladicte meson[1]. »

Reproduit dans les statuts du 3 avril 1315, ratifié avec ces statuts le 8 février 1317 par le pape Jean XXII et le 12 août 1321 par le roi de France Philippe V, dit le Long, confirmé le 12 avril et le 20 mai 1340 par deux arrêts du Parlement[2], cet article ne manquait ni d'authenticité, ni de clarté, ni de hautes consécrations, ni de sanctions juridiques. L'esprit en était aussi louable que le texte en est positif. Mais que ne peut l'intérêt? Oresme sou-

1. Test. des Rois et Reines de France, Bibl. Imp. ms. n° 140, fol. 91 et suiv.
2. Launoii *Hist. coll. Nav.*

tenait que s'il était incontestablement applicable à tout boursier, maître ou écolier, il ne pouvait être appliqué au boursier grand maître.

Ainsi ne pensait pas maître Simon Fréron[1], docteur en théologie, qui aspirait à remplacer Oresme. Fort du susdit article et soutenu par un certain nombre de boursiers, il assigna Oresme par-devant le Parlement. Condamné par un premier arrêt, le 5 juin 1361, il en appela, et un second arrêt le fit grand maître, le 4 décembre 1361. Oresme dut sortir du collége[2].

On regrette pour sa gloire qu'il n'en soit pas sorti de plein gré. En fondant le collége de Navarre, la reine Jeanne n'avait pas voulu créer des bénéfices de plus au profit des prébendiers riches, elle avait voulu assurer à des écoliers pauvres les moyens de commencer ou de terminer leurs études. Que le cumul y fût interdit au delà d'un certain taux, c'était une fort sage disposition : il importait à la France qu'il s'y succédât le plus grand nombre possible de boursiers, maîtres ou écoliers, dans le moins de temps possible. Oresme eût dû le sentir.

Il a été seize ans doyen de l'église de Rouen, de 1361 au 16 novembre 1377. La dignité de doyen de l'église de Rouen était alors élective; les chanoines y nommaient, et l'archevêque n'avait que le droit de confirmer l'élu. L'administration et les leçons d'Oresme au collége de Navarre, avec les ouvrages qu'il y a publiés, voilà sans

1. Alors du moins; car plus tard, devenu grand maître, il pensa comme Oresme. Voy. Launoii *Hist. coll. Nav.*

2. Launoii *Hist. coll. Nav.*

doute ce qui lui a valu, et voilà certainement ce qui justifie son élection. La dignité de doyen était la première de l'église de Rouen après celle d'archevêque, et l'église de Rouen était la métropole de toutes les églises de Normandie[1].

Il est à croire qu'après le 4 décembre 1361, Oresme quitta Paris : rien ne l'y retenait, et sa nouvelle dignité l'appelait à Rouen. Il est encore probable qu'il a passé à Rouen la plus grande partie du temps qu'il a été doyen, mais il n'est pas facile d'en fournir la preuve.

Ce qui est certain, c'est qu'il était à Avignon et y prêcha son fameux sermon : « *Juxta est salus mea ut veniat, et justitia mea ut reveletur,* » le 24 décembre 1363. Mais pourquoi y était-il venu et quand en est-il reparti? On l'ignore.

Les premiers ouvrages qu'Oresme ait écrits en français sont un traité contre les *Divinations* en général et contre *l'Astrologie judiciaire* en particulier, un traité *de la Sphère,* une traduction de son traité *de Origine, natura, jure et mutationibus monetarum.* Il n'est pas à présumer qu'il les ait composés au collége de Navarre : il y devait le bon exemple, et la règle y interdisait l'emploi de la langue française. Il est plus probable qu'ils sont postérieurs à sa nomination de doyen. Peut-être même que la traduction du traité *de Origine, natura, jure et mutationibus monetarum,* a été offerte à Charles V. S'il en était ainsi, elle serait le premier monument des rapports d'Oresme avec ce roi.

1. *Gallia christiana.*

Un acte émané de la chancellerie de Charles VI et intitulé : « *Amortisatio duarum Missarum in Ecclesia Rothomagensi pro Karolo rege,* » atteste que Charles V avait fondé en 1367 deux messes pour le salut de son âme dans l'église cathédrale de Rouen et confié l'administration des fonds affectés à cette fondation au chapitre et au doyen de cette même église [1]. On peut voir dans cette fondation un souvenir du temps où Charles V, encore dauphin, avait le titre et les fonctions de duc de Normandie; on y peut voir aussi une confirmation de la conjecture précédente et une marque de considération accordée à Oresme, qui était alors doyen de Rouen. Elle serait, dans ce dernier cas, un second témoignage de ses rapports avec Charles V.

Charles V est un des rois les plus remarquables du XIVe siècle, et le surnom de Sage, qu'il a reçu de ses contemporains, lui a été justement confirmé par la postérité. La nomination de Bertrand du Guesclin à la charge de connétable, l'éloignement des Grandes Compagnies, la Castille alliée à la France, Charles le Mauvais réduit à l'inaction, l'adoption des plans d'Olivier de Clisson [2], et l'expulsion des Anglais de presque tout le territoire français, prouvent suffisamment la sagesse de sa politique, tandis que son amour de la sagesse est attesté par les lettrés dont il s'entoura, par les ouvrages qu'il leur commanda, et par les récompenses dont il les gratifia. Héritier d'une dizaine ou, tout au plus, d'une vingtaine de volumes, il a légué à la France la Librairie

1. Bibl. Imp., coll. Decamps, t. 47 ms.
2. Voy. Froissart, éd. Buchon, t. V, p. 211.

de la tour du Louvre où l'on en comptait plus de neuf cents lorsqu'il mourut [1].

L'histoire n'a pas d'abord été ingrate envers lui. Pierre d'Orgemont [2], de son vivant, et, quelques années après sa mort, Cuvelier [3], Froissart, ont transmis à la postérité le souvenir des faits, et Christine de Pisan [4], celui des écrits qui ont illustré son règne. Mais peut-être qu'après eux, les historiens, frappés des éclatants services de Bertrand du Guesclin et des brillants résultats de la politique de Charles V, ont trop mis en oubli les modestes travaux des savants du temps et ce que fit Charles V pour les lettres [5]. Que ce roi apparaisse toujours aux regards de la postérité précédé de son connétable, cela est juste; mais pourquoi n'apparaît-il pas aussi souvent suivi de Pierre d'Orgemont, son chancelier et son historien officiel, de Nicole Oresme, de Raoul de Presles, de Philippe de Maizières, ses conseillers ordinaires et ses secrétaires avoués ou non avoués [6],

1. Catalogue de Gilles Malet, publié par M. Van Praet.

2. *Rech. sur les auteurs des Gr. Chron. de France*, art. de M. Lacabane, Bibl. de l'École des chartes, t. II, 1re série, p. 57-74.

3. *Chr. de Bert. du Guesclin*, par Cuvelier, publiée par E. Charrière, Coll. des doc. inéd. sur l'hist. de France.

4. *Le livre des fais et bonnes meurs du sage roy Charles V*, éd. Michaud et Poujoulat, chap. XII, 3e partie.

5. Voy. les hist. génér. de la France et particulièrement Pierre d'Orgemont, Froissart, Robert Gaguin, Paolo Emili, Viguier, Daniel, Legendre, de Limiers, Lavallée.

6. Voy. dans les Mém. de l'Acad. des Inscr. deux Mém. sur la vie et les ouvr. de Raoul de Presles, par Lancelot, t. XIII; deux Mém. sur la vie et les ouvr. de Phil. de Maizières, par l'abbé Lebeuf, t. XVI et XVII; et deux Mém. sur le véritable auteur du songe du Vergier, par M. Paulin Paris, t. XV, nouv. série.

entre Bureau de La Rivière, son confident, et Thomas de Pisan, son astrologue?

Oresme, cependant, est encore un des serviteurs de Charles V que l'histoire a le mieux traités. Elle n'a pas toujours parlé des lettrés d'alors; mais, quand elle en parle, il est souvent le seul [1], et toujours le premier qu'elle mentionne [2]. Elle a même fini par lui donner les titres et lui attribuer les écrits de quelques-uns de ses contemporains dont elle ne savait plus les noms. Et cela se comprend à la rigueur, quand on considère qu'il est un de ceux qui ont le plus fait pour seconder les desseins de Charles V et un de ceux que ce roi a le plus dignement récompensés.

C'est à la demande de Charles V qu'Oresme a composé sa traduction des Éthiques d'Aristote. Publiée en 1370 [3], elle lui valut, outre une gratification pécuniaire, le titre de chapelain du roi [4]. C'est encore à la demande de Charles V qu'il a composé sa traduction des Politiques et des Économiques du même Aristote. Elle fut publiée au plus tard en 1371. Les traductions des Éthiques, des Politiques et des Économiques valurent à Oresme plus de cent livres [5], et cent livres étaient alors

1. Voy. Nicole Gilles, Jean du Tillet, du Haillan, Fr. de Belleforest, Scipion Dupleix, Anquetil.

2. Voy. Christine de Pisan, Papire Masson, Mézeray, l'abbé de Choisy, Bern. de Montfaucon, le président Hénault, Villaret, Royou, Michelet, Henri Martin, l'abbé de Beauregard.

3. Prologue de la traduction des Éthiques.

4. Prologue de la traduction des Politiques.

5. Extrait du compte de François Chanteprime : « *Le roy a donné cent livres à M. Nicole Oresme, lequel lui a translaté de latin en françois les Éthiques et Politiques, m. ccc. lxxj.* » En marge il y a : « *Dictus magister Nicolaus habuit alios denarios pro dicta causa, prout*

une somme considérable. Les Éthiques, les Politiques et les Économiques d'Aristote n'avaient pas encore été traduites en français [1].

La dignité de doyen de l'église de Rouen ne faisait pas seulement à Oresme d'agréables et utiles loisirs : elle avait aussi ses charges.

Un médecin de Charles V, maître Gervais, avait, en 1370, fondé à Paris, rue des Illuminés [2], un collége dont les revenus n'avaient pas tardé à n'être plus en rapport avec les dépenses. A peine terminée, la fondation menaçait ruine. Pour la sauver, le fondateur s'était adressé au pape, et Grégoire XI avait, en 1374, affecté à l'entretien de l'œuvre une partie des revenus de l'église paroissiale de Saneville au diocèse de Rouen. Le soin de veiller à l'exécution de la bulle accordée à maître Gervais fut confié au doyen et au chapitre de l'église cathédrale de Rouen; c'est dire qu'il regarda Oresme de 1374 au 16 novembre 1377, jour où il cessa d'être doyen [3].

in computo precedenti videtur. » Autre extrait : « *A Nicole Oresme, doyen de l'église de N. D. de Rouen, pour avoir écrit et translaté en françois un livre appelé Politiques, par le commandement du roy, l'an m. ccc. lxxij.* La somme n'est pas marquée. » Van Praet, *Catal. de Gilles Malet*, p. 46.

1. Brunetto Latini n'a donné dans son Trésor qu'un court extrait de la Morale d'Aristote. Voy. *Hist. litt. de France*, t. XX, p. 286.

2. Ancienne rue du Foin, aujourd'hui rue des Noyers.

3. Bul., *Hist. univ. Paris.*; dom Félibien, *Hist. de la ville de Paris*; Crevier, *Hist. de l'Univ. de Paris.*

IV.

Oresme évêque de Lisieux.

La vie exemplaire d'Oresme, ses nombreux et estimables ouvrages latins ou français, les travaux et la science qu'attestaient ses traductions des Éthiques, des Politiques et des Économiques, le zèle enfin et le soin avec lesquels il les avait commencées et achevées, tout l'appelait aux plus hautes dignités de son ordre. Charles V le sentit. Pendant qu'Oresme, pour répondre de plus en plus au goût que ce roi manifestait pour la science et aux efforts qu'il tentait pour la faire goûter, était occupé à traduire le traité *du Ciel et du Monde* d'Aristote [1], l'évêché de Lisieux vint à vaquer. Louis, duc d'Anjou, frère puîné de Charles V, avait un protégé qu'il désirait beaucoup y faire nommer et qu'il avait pour ce motif fortement recommandé à Grégoire XI; car les papes avaient fini par obtenir au XIVe siècle de nommer directement aux évêchés vacants, surtout en France. Mais Charles V avait destiné cet évêché à Oresme, et, mal gré qu'en eût le duc d'Anjou, il obtint qu'il y fût promu le 16 novembre 1377 [2].

Il est probable, sinon constant, que tous les ouvrages qu'Oresme a écrits pendant les seize ans qu'il a été

1. Conclusion de la trad. du traité *du Ciel et du Monde*.

2. « Factus autem episcopus, ad preces regis die 16 novemb. 1377, « ex regestis capituli Rotomagensis, æmulum passus est Reginaldum « de Dormans, quem dux Andegavensis Gregorio XI commendaverat, « cujus pontificis plures tum ad regem, tum ad ducem literæ manu- « scriptæ exstant in bibliotheca N. de Lamoignon. » *Gallia christ.*

doyen, ont été écrits à Rouen. Mais il est certain qu'ayant achevé avant la fin de 1377 la traduction du traité *du Ciel et du Monde*, son dernier ouvrage connu, il faisait quelque figure à Paris au commencement de 1378.

On sait en effet, par les Grandes Chroniques de France, que l'empereur Charles IV, qui « *avoit esté norry* » en France « *en sa jeunesse,* » étant venu en pèlerinage à l'abbaye de Saint-Denys, avec son fils Wenceslas, roi des Romains, dans les premiers jours de janvier 1378, Oresme, qui portait alors le titre de conseiller du roi[1], peut-être en récompense de sa traduction du traité *du Ciel et du Monde*, fut au nombre des personnages que Charles V, neveu de Charles IV par Bonne de Luxembourg, femme de Jean II, envoya de Paris à Saint-Denys au-devant de l'empereur et du roi des Romains pour les conduire de l'abbaye à l'hôtel Saint-Pol[2].

Charles IV et Wenceslas partis, Oresme qui n'était encore qu'évêque nommé de Lisieux, s'occupa de la cérémonie de son sacre. Elle eut lieu à Paris le 28 janvier 1378, et Charles V, qui avait voulu y assister, fit à

1. Qu'Oresme ait été conseiller du roi, cela ne peut être douteux, bien que personne, depuis Pierre d'Orgemont, ne lui en ait donné le nom : Pierre d'Orgemont n'a pu se tromper à cet égard. Ce qui est faux, c'est qu'il ait jamais été chancelier de France : l'abbé Barth. de Beauregard s'est trompé lorsqu'il l'a revêtu de cette charge.

2. « Et assez tost après luy vindrent au dehors de ladite ville les arcevesques de Rains et de Rouen et de Sens; les evesques de Laon, de Beauvais, de Paris, de Noyon, de Baieux, de Lisieux, de Meaux, d'Evreux, de Therouenne et de Condon et l'abbé de Saint-Waast d'Arras, tous du conseil le roy. » *Gr. Chron. de Fr.*, éd. Paul. Paris, p. 1637.

cette occasion présent au nouvel évêque de deux fort beaux anneaux de pasteur[1].

Oresme était encore à Paris, lorsque Jeanne de Bourbon, femme de Charles V, mourut à l'hôtel de Saint-Pol, le 6 février 1378. On apprend en effet par les mêmes Grandes Chroniques qu'il assista aux obsèques de la reine défunte, qui furent célébrées à Paris dans l'église Notre-Dame, le 14 février[2], et qu'il fit les fonctions de sous-diacre et lut l'épître à la messe qui fut dite à Saint-Denys dans l'église de l'abbaye, lorsque le corps y fut porté le 16 du même mois[3].

Ici cesse tout témoignage sur les relations d'Oresme avec Charles V. Il est à croire qu'il se rendit, aussitôt après les funérailles de la reine Jeanne, dans son évêché de Lisieux, et l'on sait qu'il prêta serment à l'église de Rouen le 18 juin 1378[4].

Une fois entré dans son évêché, Oresme n'en devait plus sortir. La carrière des lettres était finie pour lui. Il ne s'occupa plus que de ses devoirs d'évêque. On ne voit pas qu'il ait assisté aux funérailles de Charles V,

1. « Inauguratus est die 20 jan. 1377 seu 1378, præsente Carolo V, « qui duos annulos gemmis ornatos ipsi donavit, ut constat ex scripto « regis jubentis ut 390 libræ auri solvantur mercatori qui annulos « vendiderat. » *Gallia christ.*

2. « Et estoient en la compagnie tous les colleges et les ordres de Paris mendians, et tous les gens notables qui estoient lors à Paris, prelas et autres, et quatre cens torches devant, chascune de six livres. » *Gr. chr.*, p. 1665.

3. « Le mardi ensuivant, seiziesme jour dudit mois de fevrier, fu la messe dite à Sainct Denis par l'arcevesque de Rains, et fu diacre et dist l'Evangile l'evesque de Noyon et l'evesque de Lisieux fu sous-diacre et dist l'Epistre. » *Ibid.*, p. 1666.

4. *Gallia christiana.*

mort à Paris en l'hôtel de Saint-Pol le 16 septembre 1380. Lorsque ce roi avait formé en 1374 le conseil de régence qui devait gouverner la France pendant la minorité de son fils, Oresme ne portait encore ni la mitre d'évêque ni le titre de conseiller du roi; Charles V n'avait pu penser à le faire entrer dans ce conseil. Oresme n'eut donc aucune part à l'administration du royaume à l'avénement de Charles VI : il resta à Lisieux. Ce que l'on sait de son épiscopat se réduit à peu de chose : il confirma, par exemple, le 3 avril 1381 douze livres de revenu annuel aux chanoines de Saint-Candide le Vieux, à Rouen, et il défendit la même année la franchise de ce lieu contre l'archevêque de Rouen [1].

Comme évêque de Lisieux, il était le supérieur né d'un collége établi à Paris, rue des Prêtres-Saint-Séverin, en exécution du testament de Gui de Harcourt, un de ses prédécesseurs, qui avait laissé en 1336 cent livres parisis pour la location d'une maison et mille livres pour la fondation de vingt-quatre bourses, en faveur d'écoliers pauvres, à la nomination de ses successeurs. On aimerait à trouver l'ancien boursier du collége de Navarre au nombre des bienfaiteurs de celui de Lisieux. Mais soit que la situation de ce dernier collége fût moins précaire alors qu'elle ne le devint plus tard, soit que, s'il menaçait déjà de périr, Oresme, empêché par des circonstances inconnues, ne pût rien faire pour le préserver de sa ruine, c'est un de ses successeurs,

1. *Gallia christiana.*

Guillaume d'Estouteville, qui a eu le mérite de le sauver[1].

Oresme mourut à Lisieux le 11 juillet 1382[2]. Il avait été évêque cinq ans[3]. Son corps fut déposé dans l'église cathédrale de Lisieux, près de la porte gauche du chœur[4].

V.

Circonstances douteuses de la vie d'Oresme.

On n'a présenté dans le récit qui précède que les circonstances de la vie d'Oresme qui paraissent être hors de doute. Il reste à parler de celles qui pour avoir été reçues jusqu'ici sans contestation ne laissent pas que d'être difficiles à admettre après examen.

Oresme a-t-il été, comme on l'a dit : 1° précepteur de Charles V ; 2° sinon évêque, du moins archidiacre de Bayeux ; 3° membre du clergé de la Sainte-Chapelle de Paris ; 4° orateur ou membre de l'ambassade envoyée par Charles V à Urbain V en 1366 ?

Oresme n'a jamais pris aucun de ces titres ; aucun manuscrit, aucune édition de ses ouvrages, aucun historien ou aucun auteur, de la fin du XIVe siècle au commencement du XVIe, ne lui en attribue un seul.

1. Bul., *Hist. univ. Paris.* ; dom Félibien, *Hist. de Paris* ; Crevier, *Hist. de l'Univ. Paris.*

2. En le faisant mourir en 1377 Arnauld a confondu l'année où commença et celle où cessa son épiscopat.

3. Launoy, qui le fait évêque de Lisieux en 1377, ayant dit qu'il le fut sept ans, Ellies du Pin ne l'a fait mourir qu'en 1384. Erreur répétée par David Clément et par Moréri.

4. *Gallia christiana.*

Le silence d'Oresme et celui des auteurs du XIVe et du XVe siècle sur chacun de ces titres, surtout lorsque la source de l'erreur où sont tombés ceux qui les lui donnent, à partir de la fin du XVIe siècle, a pu être retrouvée et indiquée, autorisent suffisamment, ce semble, à les lui refuser tous.

En effet, il faut d'abord descendre jusqu'à du Haillan, c'est-à-dire jusqu'en 1576, et jusqu'à La Croix du Maine, c'est-à-dire jusqu'en 1584, pour le trouver enfin appelé chez l'un *instructeur*, chez l'autre *précepteur* de Charles V. Mais d'où est venue l'assertion? D'une équivoque, selon toute apparence. Du Haillan appelle Oresme l'instructeur de Charles V; cela n'était peut-être pas très-français, mais cela était encore admissible à la rigueur, les traductions d'Oresme étant bien faites pour instruire Charles V. La Croix du Maine attache au mot un sens qu'il n'avait peut-être pas, et fait d'Oresme le précepteur de Charles V; cela était certainement plus français, mais n'était plus du tout admissible.

Qu'importe, en effet, qu'après du Haillan et La Croix du Maine, Oresme soit le précepteur de Charles V chez tous les historiens [1] comme chez tous les auteurs [2] qui ont cité son nom, et qu'il n'y ait que ceux qui ne l'ont pas cité, où il ne le soit pas? Cette unanimité ne

1. Fr. de Belleforest, Jean de Serres, Scipion Dupleix, Mézeray, l'abbé de Choisy, Bern. de Montfaucon, Anquetil, Michelet, Henri Martin, l'abbé Bert. de Beauregard.

2. Du Verdier, Gothard Vœgelin, Gabr. Naudé, Sorel, du Boulai, l'édit. du *Max. Bibl. vet. patrum*, Launoy, Adr. Baillet, Ellies du Pin, Arnauld, Huet, David Clément, les rédacteurs du *Gallia christ.*, l'auteur d'un art. du *Merc. de France* (oct. 1750), Moréri, Crevier, L. Dubois et Foisset, Paul. Paris, de Santarem, Bouillet.

prouve qu'une chose : c'est que beaucoup d'écrivains se sont faits les échos d'une assertion hasardée, sans se demander s'il était possible de la concilier avec la chronologie.

Où placer, en effet, le préceptorat d'Oresme? Avant 1348, le dauphin Charles est bien en âge d'avoir un précepteur : il est né en 1337; mais Oresme n'est pas encore en état d'être le sien; il n'est entré au collége de Navarre qu'en 1348. De 1348 à 1356, Oresme est écolier boursier au collége de Navarre. Après 1356, Oresme est en état d'être précepteur : il est prêtre, docteur en théologie et grand maître du premier collége de Paris; mais le dauphin Charles n'est plus d'âge à en avoir un : il est régent de France.

Comment donc a-t-on pu placer le préceptorat d'Oresme en 1360 [1], et même après 1361 [2]?

De 1356, date de la bataille de Poitiers et de la captivité de Jean II, jusqu'en 1360, date de la paix de Brétigny et du retour de Jean, le dauphin Charles a reçu de tout autres enseignements que ceux d'un savant de cabinet, qu'il n'avait pas le loisir d'écouter.

Il était, en ce temps-là, à l'école de la vie, de l'expérience et de l'adversité : c'étaient les Anglais, les États-généraux et les Jacques qui lui donnaient des leçons; c'étaient Charles le Mauvais, Robert le Coq et Marcel qui étaient ses précepteurs, ou plutôt c'était Dieu lui-même qui s'était chargé de l'instruire.

1. Du Boulai, Huet, Moréri, L. Dubois et Foisset, de Santarem, Bouillet.
2. Du Verdier, David Clément.

Qu'Oresme, en second lieu, n'ait jamais été évêque de Bayeux, cela n'est pas moins évident. Pour montrer, en effet, que ceux qui lui en donnent le titre [1] ont tort, et que ceux qui le lui refusent [2] ont raison, il suffit de citer les noms des évêques qui se succédèrent sur le siége de Bayeux pendant le temps qu'Oresme aurait pu l'occuper; en voici la liste : Guillaume IV Bertrand, 1338-1347; Pierre III de Villaines, 1347-1360; Louis I Tezart, 1360-1373; Miles de Dormans, 1373-1375; Nicolas I du Bosc, 1375-1408 [3].

Où placer Oresme ?

A-t-il été du moins archidiacre de Bayeux? Pas davantage.

Le plus ancien ouvrage, en effet, où le titre lui en soit donné, est le *Gallia christiana*, dont la première rédaction ne remonte pas au delà du XVIIe siècle. On y lit bien, après le nom d'Oresme, article des doyens de Rouen : *Erat ex archidiacono Baiocensi decanus ecclesiæ Rotomagensi, anno* 1366, *ex tabulis Gemeticensibus;* mais que portaient les tables de l'abbaye de Jumiéges? Que d'archidiacre de Bayeux Oresme était devenu doyen de Rouen en 1366? L'assertion serait peu exacte : il avait été élu doyen en 1361. Elles ne pouvaient constater qu'une chose, c'est qu'il était doyen de Rouen en 1366. Assertion juste; il l'a été de 1361 à 1377. Qu'expriment donc les mots : *Ex archidiacono Baiocensi?* L'opinion du rédacteur de l'article. Mais pour avoir été adoptée depuis

1. La Croix du Maine, du Verdier, David Clément.
2. La plupart de ses biographes.
3. *Gallia christiana.*

par plus d'un écrivain [1], elle n'en paraît pas mieux fondée.

En quel temps, en effet, Oresme aurait-il été archidiacre de Bayeux? Entre 1348 et 1361? Mais l'archidiaconat de Bayeux, qu'il valût ou non plus de soixante livres de rente, eût toujours été, uni au décanat de Rouen, une circonstance aggravante, que maître Simon Fréron n'eût pas manqué de citer lors du procès qu'il intenta à Oresme. Comment donc n'en serait-il pas parlé dans l'arrêt du 4 décembre 1361? L'aurait-il été après le 4 décembre 1361? Mais on dit qu'il est devenu d'archidiacre doyen, et il était doyen dès 1361. Il n'y a donc pas à aller plus loin. Oresme n'a jamais été archidiacre de Bayeux.

A-t-il été membre du clergé de la Sainte-Chapelle de Paris?

Ici, il en est chanoine [2]; là, trésorier [3]; ailleurs, chanoine et trésorier tout ensemble [4]. Mais sur quel fondement? Il a pris dans la préface de la traduction des Politiques le titre de chapelain du roi, et l'auteur d'une traduction d'un dialogue de Pétrarque, souvent attribuée à Oresme, s'est dit, dans sa préface, chanoine de la Sainte-Chapelle. Que l'assertion vienne de l'une ou de

1. Huet, Moréri, L. Dubois et Foisset. — Gabr. Naudé l'a appelé archevêque de Bayeux. A-t-il voulu dire archidiacre?

2. Voy. La Croix du Maine, P. de Saint-Romuald, l'abbé de Marolles, du Boulai, le *Max. Bibl. vet. patrum*, Rich. Simon, David Clément, le *Gallia christ.* (art. des évêques de Lisieux), Crevier, Paulin Paris.

3. Voy. Launoy, Ellies du Pin, qui donne même la date de 1361, Huet, le *Gallia christ.* (art. des doyens de Rouen), Moréri, L. Dubois et Foisset.

4. *Gallia christiana.*

l'autre source, elle est également erronée. Avoir été chapelain de Charles V, ce n'est pas avoir été chanoine de la Sainte-Chapelle, et Jehan Dandin, traducteur du dialogue *de Remediis utriusque fortunæ*, n'est pas Oresme. Il est impossible enfin, d'après l'ouvrage même qui en a fait à la fois un chanoine et un trésorier de la Sainte-Chapelle, qu'il en ait jamais été trésorier. C'est ce que prouve la liste suivante, où il n'y a pas de place pour lui : Oudart Boileau, 1328-1333; Jean de Meulant, 13..-1346; Hugues de Néaufle, 13..-1352; Pierre de Dourdan ou de Houdanc, 1352-1363; Arnould de Grandpont, 1363-1376; Hugues Boileau, 1376-1389 [1].

Oresme a-t-il été enfin orateur ou membre de l'ambassade envoyée par Charles V à Urbain V en 1366?

Un seul auteur [2], car les autres [3] n'ont parlé que d'après lui, est garant du fait. Il le rapporte ainsi : « Hoc anno [1366], cum Carolus rex audivisset Urbanum « meditari Romam reportare sedem pontificiam, ad « eum celebrem destinavit legationem, M. Nicol. Oresmio ejusdem oratore, quo reditum dissuaderet. Extat, « in ms. Bibliothecæ Victorinæ notato hisce characteribus BF, 31, quædam, ut ibi legitur, *Propositio* « *notabilis*, coram papa Urbano V facta et coram cardinalibus ex parte regis Franciæ. »

Oresme a bien été à Avignon, mais c'est en 1363. Il y a bien parlé devant Urbain V et le sacré collége, mais

1. *Gallia christ.* On remarque ici les noms de deux des ancêtres du chantre du Lutrin. Boileau a-t-il jamais connu cette particularité?

2. Bul., *Hist. univ. Paris.*, IV, 396.

3. Crevier, *Hist. de l'Univ. de Paris*, l'abbé Barth. de Beauregard, *Hist. de Charles V*.

c'est sur ce texte : *Juxta est salus mea ut veniat, et justitia mea ut revaletur.* Si cela suffit pour expliquer comment on a pu croire qu'il avait fait partie de l'ambassade de 1366 et que la *Proposition notable* était de lui, cela ne prouve pas qu'il ait été l'orateur de l'une ou qu'il soit l'auteur de l'autre; car lui, qui rappelle souvent son voyage de 1363, n'a jamais parlé de l'ambassade de 1366, et celui qui a écrit le sermon « *Juxta est salus mea*, etc., » ne peut avoir rédigé la *Proposition notable.*

DEUXIÈME PARTIE.

OUVRAGES D'ORESME.

I.

Ouvrages rédigés en latin qui subsistent encore aujourd'hui et dont l'authenticité ne saurait être révoquée en doute.

1° Traité *de Uniformitate et difformitate intentio-* « *num*, autrement dit « de Latitudinibus formarum, « cujus sunt tres partes principales : prima quadraginta « capitulorum, de figuratione et potentia uniformitatis « et difformitatis ; secunda de figuratione et potentia « successivarum, continens quadraginta tria capitula ; « tertia tredecim capitulorum, de acquisitione et men- « sura qualitatis et velocitatis. » Bibl. Imp., anc. f. latin, ms. n° 7371.

« De Configuratione » ou « de Configurationibus qua- « litatum. » Bibl. Imp., f. Saint-Victor, ms. n° 100.

« De Uniformitate et difformitate intentionum » ou « de Uniformitate et difformitate intentionum, continens « tres partes principales, etc. » Bibl. Imp., f. St-Victor, ms. n° 111.

Malgré la diversité des titres, il n'y a là qu'un seul et même ouvrage.

Inédit.

Cité par Oresme lui-même[1].

Cité aussi par Launoy.

Launoy, en citant cet ouvrage comme formant trois traités différents, un *de Latitudine formarum*, un *de Configuratione qualitatum*, et un *de Uniformitate et difformitate intentionum*, s'est trompé : les trois n'en font qu'un.

Traité contre l'astrologie.

2° Traité *de Proportionibus proportionum*. Bibl. Imp., anc. f. latin, ms. n° 7371.

Inédit.

Cité par Oresme lui-même[2].

Cité aussi par Thomas Basin, J. Pic de la Mirandole, J. F. Pic de la Mirandole, Conrad Gesner, Gothard Vœgelin, par Possevin, chez qui le titre en est ainsi défiguré : *de Positionibus proportionum*, et par Launoy, qui en fait encore à tort deux ouvrages différents, un *de Positionibus propositionum* ou *de Proportionibus propositionum*, et un *de Proportione velocitatum in motibus*.

Traité contre l'astrologie.

1. « Par art magique et naturelment, si comme je declaray autre foiz en j traictié appelé *de Deformitate qualitatum*. » *Trad. des Polit.* VIII, 8. — « Et les causes et la maniere comment tele chose puet estre naturelment, je mis en j traictié appelé *de Difformitate qualitatum*. » *Ibid.*, VIII, 12.

2. « Meismement qui considere comment les proporcions d'aucunes notables figures geometriques sont parties des proporcions armoniques de musique, si comme je demonstray en j traictié appelé *Algorisme de proporcions*. » *Trad. des Polit.*, VIII, 7. — « Et tout ce ay je autrefois entendément declaré en un livret que je ay nommé *Algorisme de proporcions*. » Trad. du tr. *du Ciel et du Monde*, II, 18.

3° Traité *de Proportionalitate motuum cœlestium*. Bibl. Imp., anc. f. latin, ms. n° 7378. A.

Inédit.

Cité par Oresme lui-même[1].

Il n'a été cité jusqu'ici par aucun des biographes d'Oresme.

Traité contre l'astrologie.

4° Traité *contra Astronomos judiciarios*. Bibl. Imp., f. St-Victor, ms. n° 100.

Contra Judiciarios astronomos et principes in talibus se occupantes, autrement dit *de Divinationibus*. Bibl. Imp., f. St-Victor, ms. n° 111. Indiqué à la table, il manque dans le corps même du volume.

Inédit.

Cité par du Boulai, par l'éditeur du *Max. Bibl. veterum patrum*, qui le croyait perdu, et par Launoy, qui a encore le tort d'en faire deux traités distincts, un *contra Judiciarios astronomos*, et un *de Divinationibus contra judiciarios astronomos et principes in talibus se occupantes*, sans autre motif que la diversité des titres.

Traité contre l'astrologie.

5° Traité *Utrum res futuræ per astrologiam possint præsciri*. Bibl. Imp., f. St-Victor, ms. n° 439.

Inédit.

Cité par Launoy.

Traité contre l'astrologie.

1. « Et de ce je dis autrefoiz en j traictié que je fis de la commensurableté des mouvemens du ciel. » *Trad. des Polit.*, VIII, 7.

Les différents écrits d'Oresme contre l'astrologie ont encore été mentionnés, mais d'une manière générale, par un des annotateurs de la bibliothèque de du Verdier, par Ellies du Pin qui en portait le nombre à trois, par Huet, par Moréri et par L. Dubois et Foisset. Mais il est à présumer qu'ils n'ont fait allusion qu'aux différents textes latins de tel ou tel de ces traités, et que l'existence d'un texte français sur les mêmes matières leur est restée complétement inconnue.

6° *Rationes et causæ plurium mirabilium in natura.* Bibl. Imp., f. St-Victor, ms. n° 439.

Inédit.

Cité par Launoy.

Traité sur les sciences physiques et naturelles.

7° *Plura quodlibeta et diversæ quæstiones.* Bibl. Imp., f. St-Victor, ms. n° 439.

Inédit.

Cité par Launoy.

Traité sur les sciences physiques et naturelles.

8° *Solutiones prædictorum problematum.* Bibl. Imp., f. St. Victor, ms. n° 439. Les derniers feuillets en ont été détachés.

Inédit.

Il n'a été cité jusqu'ici par aucun des biographes d'Oresme.

Traité sur les sciences physiques et naturelles.

Ces trois ouvrages[1] sont moins des traités méthodi-

1. A l'un desquels, sinon aux trois, fait peut-être allusion cette phrase d'Oresme : « Et dient aucuns que vision et illumination sont faites sodainnement et tout ensemble, mais c'est impossible naturel-

ques sur la physique et l'histoire naturelle que des recueils de questions et de réponses sur toutes sortes de sujets se rapportant à ces sciences. Les Problèmes d'Aristote, qui en ont été l'occasion et le modèle, en peuvent donner une juste idée.

9° Traité *de Communicatione idiomatum in 3° Sententiarum*, autrement dit *de Communicatione idiomatum*, tout court. Bibl. Imp., anc. f. latin, ms. n° 2831.

De Communicatione idiomatum. Bibl. Imp., anc. f. latin, ms. n° 3074. L'explicit en est daté :

Explicit tractatus de Communicatione ydiomatum compilatus et factus a venerabili viro subtili clerico magistro Nicolao Oresme normano sacre theologie professore condam lexoviensis dyocesis episcopo scriptus per manum Richardi de Basochiis tunc temporis in Facultate theologie studentis anno Domini M° CCC° *nonagesimo tertio*.

De Communicatione idiomatum. Bibl. Imp., anc. f. latin, ms. n° 5755.

De Communicatione idiomatum in $\overline{\chi\rho o}$. Bibl. Imp., f. St-Victor, ms. n° 100.

De Communicatione idiomatum. Bibl. Imp., f. St-Victor, ms. n° 111.

Inédit.

Cité par Possevin, du Boulai, l'éditeur du *Max. Bibl. veterum patrum*, qui le croyait perdu, Launoy, Ellies du Pin, Huet, un des rédacteurs du *Gallia christiana*, Moréri, Louis Dubois et Foisset.

Ce traité, fréquemment transcrit et fort célèbre dans

ment, si comme je ay autrefois demonstré en autre science. » *Trad. des Éth.*, X, 5.

les écoles, vers la fin du moyen âge, est un des ouvrages d'Oresme dont le titre a été le plus souvent cité et le sujet le plus complétement ignoré. On ne pouvait guère deviner à première vue le sens de titres tels que ceux-ci : *de Latitudinibus formarum*, *de Configuratione qualitatum*, *de Uniformitate et difformitate intentionum*, et ne les comprenant pas trop, on les cita peu. Mais comme on ne se doutait pas que le titre : *de Communicatione idiomatum* était incomplet, on se flattait de le comprendre, et on le cita à l'envi. Il est probable que tous ceux qui l'ont mal reproduit en latin, et certain que tous ceux qui l'ont traduit par *de la Communication des idiomes*, l'ont pris pour un traité de grammaire générale ou comparée. Il a même valu à Oresme d'être appelé *grand humaniste* par Huet, et *humaniste habile* par Moréri. C'est un traité de théologie.

Exactement transcrit, le titre *de Communicatione idiomatum in χ͞ρο*, c'est-à-dire, *in Christo*, s'entend de lui-même. Le mot *idioma* y est pris dans un des sens qu'il a le plus fréquemment dans la langue grecque, d'où il vient, et conformément au sens étymologique d'*idioma* l'ouvrage traite de l'unité de la personne et de la dualité des natures en Jésus-Christ. Il est la seconde rédaction[1] d'un premier essai aujourd'hui perdu, s'il a jamais été écrit. Oresme y a exposé, sans se préoccuper beaucoup d'Arius, de Nestorius et d'Eutychès, ce que l'Église catholique enseigne sur les dogmes qui ont été

1. Comme le fait supposer la première phrase du début : *Quædam alias dixi, quæ nunc, Deo favente, propono diffusius et ordinatius pertractare.*

attaqués par ces hérésiarques, et cette exposition a paru si heureuse, si satisfaisante et si orthodoxe, qu'elle était classique dans la Faculté de théologie de Paris à la fin du XIVe et au commencement du XVe siècle. On trouverait aujourd'hui qu'elle contient trop d'hypothèses déplacées, pour ne pas dire inconvenantes.

10° Traité *de Origine, natura, jure et mutationibus monetarum*. Bibl. Imp., anc. f. latin, ms. n° 8681 et ms. n° 8733. A.

De Mutationibus monetarum. Bibl. Imp., f. St-Victor, ms. n° 100 et ms. n° 111 ; f. St-Germain des Prés, latin, ms. n° 1103 et f. des Carmes de la place Maubert, ms. n° 10.

Imprimé.

Thomas Keet, Paris, sans date, commencement du XVIe siècle, in-4°[1].

Gothard Vœgelin, Lyon, 1605. Édition avec notes en latin. Bibl. Imp. Réserve, et Bibl. Maz. n° 18342.

Max. Bibl. veterum patrum. Lyon, 1677, t. XXVI, p. 226-234.

Cité par Oresme lui-même[2].

Cité aussi par Papire Masson, Henri Martin, l'abbé de Beauregard ; par La Croix du Maine, Jacques Gaultier, Launoy qui dit avec raison que Gesner a eu tort de l'attribuer à Guillaume Oresme, Ellies du Pin, Moréri, et L. Dubois et Foisset qui, en avançant qu'on l'a cru

1. Van Praet, *Notice sur Colard Mansion*, p. 63, 64.

2. « Et tout ce appert plus à plain en un traictié que je fis *de Mutacions de monnoie*. » *Trad. des Polit.*, I, 10. — « Si comme il appert ou traictié *de Mutacions de monnoie*. » *Ibid.*, I, 12.

aussi de Guillaume de Saint-Amour, ce que personne n'a jamais cru, et en renvoyant à un article du *Mercure de France* dont il sera question plus loin, montrent que pour avoir trop précipitamment copié leurs devanciers ils l'ont confondu avec le traité *de Antechristo.*

Traité d'économie sociale et politique.

La préface en est ainsi conçue :

Prologus.

« Quibusdam videtur, quod aliquis rex aut princeps, « auctoritate propria possit de jure aut privilegio libere « mutare monetas in suo regno currentes et de eis ad li- « bitum ordinare, ac super hoc capere lucrum aut emolu- « mentum quamtumlibet; aliis autem videtur oppositum. « Propter quod intendo in præsenti tractatu de hoc scri- « bere, quod secundum philosophiam Aristotelis prin- « cipaliter videtur mihi esse dicendum, incipiens ab « origine monetarum : nihil temere asserendo, sed to- « tum submittendo correctioni majorum, qui forsan ex « eis quæ dicturus sum poterunt excitari ad determi- « nandum veritatem super isto, ita ut omni cessante « scrupulo omnes in unam possint sententiam pariter « convenire, et circa hoc invenire, quod principibus et « subjectis, imo toti reipublicæ proficiat in futurum. »

L'ouvrage finit ainsi :

« Hæc igitur, ut præmisi, sine assertione dicta sint et « cum correctione prudentium; nam secundum Aristote- « lem civilia negotia plerumque sunt dubia et incerta. Si « quis igitur amore veritatis inveniendæ iis dictis voluerit « contradicere aut contra scribere, bene faciet. Et si male « locutus sim, perhibeat testimonium de malo, sed cum

« ratione; ne ipse videatur gratis et voluntarie condem-
« nare quod non potest efficaciter impugnare. »

Composé de vingt-six chapitres dans les manuscrits, l'ouvrage n'en a probablement que vingt-trois dans l'édition *princeps* de Thomas Keet, et il est certain que le seizième, le dix-septième et le vingt-troisième chapitre manquent dans l'édition de G. Vœgelin. Ils manquent aussi dans le *Maxima Bibliotheca veterum patrum*, mais le dernier chapitre y porte du moins le numéro XXVI.

11° *Expositio cujusdam legis*. Bibl. Imp., f. St-Victor, ms. n° 100.

Inédit.

Cité comme d'Oresme par la table du ms. n° 100.

Il n'a été cité jusqu'ici par aucun des biographes d'Oresme.

Opuscule théologique.

12° Traité *de Malis venturis super Ecclesiam*. Bibl. Imp., f. St-Victor, ms. n° 116. Indiqué à la table, il manque dans le corps même du volume.

De Malis venturis super Ecclesiam. Bibl. Imp., f. St-Victor, ms. n° 116.

Le ms. n° 736, même fonds, en contient aussi un fragment.

Inédit.

Cité par Launoy.

Opuscule théologique.

Les dix chapitres dont il se compose peuvent être ainsi résumés: la tribu de Juda et Jésus-Christ sont dans la Bible la figure et la personnification de l'Église, et toutes les prophéties qui sont applicables à la tribu de

Juda et à Jésus-Christ le sont aussi à l'Église : le schisme qui sépara les dix tribus d'Israël de la tribu de Juda, et la passion que souffrit Jésus-Christ annoncent donc qu'un schisme déchirera l'Église, et que l'Église aura aussi sa passion.

Écrit, selon toute apparence, avant 1363, cet opuscule qui n'était pas d'un visionnaire, mais d'un sage, reçut dès 1378 une éclatante confirmation par la naissance du grand schisme d'Occident, et devait en recevoir une autre encore plus éclatante au XVIe siècle, par l'apparition de la Réforme au temps de Luther, de Zwingle, de Calvin et de Knox.

13° *Ars sermocinandi*, autrement *De arte prædicandi*. Bibl. Imp., anc. f. latin, ms. n° 7371.

Inédit.

Cité par Launoy et par Ellies du Pin.

Recueil de préceptes oratoires à l'usage des prédicateurs du temps.

14° *Sacræ conciones*. Bibl. Imp., f. des Grands Augustins, ms. n° 27.

Inédit.

Cité par un des annotateurs de du Verdier, par Launoy, Ellies du Pin, un des rédacteurs du *Gallia christiana*, Moréri, et par Louis Dubois et Foissel, qui ont cru, bien à tort, que le traité *de Origine, natura, jure et mutationibus monetarum* en faisait partie.

Recueil de cent quinze sermons pour tous les dimanches et pour chacune des principales fêtes de l'année. Launoy, qui en a donné les titres, indique aussi les jours pour lesquels ils ont été composés.

15° *Sermo coram papa Urbano V et cardinalibus habitus, cujus thema : « Juxta est salus mea ut veniat, et justitia mea ut reveletur. »* Bibl. Imp., anc. f. latin, ms. n° 1426. A. f. St-Victor, ms. n° 111, et ms. n° 736.

Imprimé.

Voy. Flacii Illyrici *Catalogus testium veritatis*, Bâle, 1556, etc., et particulièrement l'édition de Simon Goulart, Lyon, 1597, t. II, p. 778-787.

Johan. Wolfii *lectionum memorabilium et reconditarum centenarii* XVI, Lauingen, 1600, t. II, p. 648-653.

Gesner, Wittemberg, 1604.

Cité par Oresme lui-même [1].

Cité aussi par Gothard Vœgelin, Launoy, Ellies du Pin, Huet, Dav. Clément, un des rédacteurs du *Gallia Christiana*, Moréri, L. Dubois et Foisset.

Prononcé à Avignon, le quatrième dimanche de l'Avent, veille de Noël, c'est-à-dire le 24 décembre 1363.

Le texte du sermon : *Juxta est salus mea ut veniat, et justitia mea ut reveletur* [2], est pris de l'*introït* de la messe du jour.

Il se divise en trois points : approche de la Nativité, mystère de l'avénement du Christ, sévérité de la vengeance divine [3].

Il est, conformément à l'usage du temps, d'un bout à

1. *Trad. des Polit.*, IV, 16; V, 1, etc.

2. Isaïe, 56.

3. « Prima pars assumpti verbi ad Dominicæ nativitatis vicinitatem « debet applicari, qua Dominus dicit : *Juxta est salus.* Secunda ad « mysterium adventus Christi.... potest aptari, cum dicitur : *Ut veniat....* Tertia de severitate divinæ vindictæ nobis tremendæ poterit « exponi, quia dicit : *Et justitia ut reveletur.* »

l'autre hérissé de citations bibliques, qui durent parfaitement édifier la docte assemblée sur l'érudition et la mémoire du prédicateur, mais qui, tout habilement qu'elles soient faites, ne paraissent plus aujourd'hui précisément le propre de l'orateur. Les deux premiers points, sur lesquels Oresme a d'ailleurs peu insisté, n'appellent pas l'attention; le troisième est la partie capitale du sermon. Convaincu que l'Église est menacée de grands maux dans un avenir plus ou moins prochain, Oresme y examine quatre questions : Ces malheurs ont-ils été prédits? Sont-ils imminents? En apprécie-t-on l'approche comme on le devrait? Pourrait-on présentement les éviter[1]?

Il n'est pas douteux que l'Église ne souffre un jour de grands maux; car les prophètes chez qui le royaume d'Israël est la figure de la synagogue et le royaume de Juda celle de l'Église, ont proféré de terribles menaces contre ce dernier. « *In die in qua nata es*, dit entre autres Ezéchiel en apostrophant Jérusalem, *vidi te conculcari in sanguine tuo.* » Temps des Martyrs. « *Et multiplicata es et grandis effecta, et mundavi sanguinem tuum ex te, et dedi coronam decoris in capite tuo.* » Triomphe de l'Église. « *Et habens fiduciam in pulchritudine tua, fornicata es in nomine meo..., et abominabilem fecisti decorem tuum.* » Décadence de l'Église. « *Et ecce, dicit Dominus, dabo te in manus odientium te, et de-*

1. 1° « Quod si futurum est de tribulatione, ut reveletur; 2° De ejus « acceleratione, quia juxta est; 3° De falsa æstimatione circa hæc quia « dicit, ut veniat; 4° De consultatione, quæ potest fieri, ut juxta sit « salus. »

struent lupanar tuum, et demolientur prostibulum tuum.... Soror tua, Samaria, dimidium peccatorum tuorum non peccavit, sed vicisti eam sceleribus tuis. Ergo et tu porta confusionem tuam... Confractæ sunt mammæ pubertatis tuæ... Scelus tuum et fornicationes tuæ fecerunt hæc tibi, » etc. Prédiction du châtiment.

De nombreux signes annoncent que le temps en est proche.

L'Église est plus corrompue que ne le fut jamais la synagogue [1]. Ici règne l'hypocrisie, là l'effronterie [2].

Partout la plus scandaleuse inégalité entre les prêtres : l'un meurt de faim, l'autre d'indigestion ; ceux-ci sont plus que rois, ceux-là moins que serfs [3].

On a sans doute émis plus d'une folle théorie sur la pauvreté du Christ, mais le droit de mieux vivre que les manants n'autorise pas les prêtres à mener un train excessif [4].

1. « Ecclesia... pejor moribus quam... synagoga. »

2. « Pharisæos... Salvator noster vocavit... de avaritia, quia per-« mittebant vendi columbas in templo Dei, et de hoc quod solis la-« biis honorabant Deum... Et erant hypocritæ. Videatis igitur si pejus « est sacramenta et beneficia vendere, quam permittere vendi colum-« bas in templo. Hic sunt aliqui qui nec labiis Deum honorant, qui « non solum non faciunt bona, sed nec dicunt, nec prædicant ; canes « muti, non valentes latrare ; canes impudicissimi, nescientes saturi-« tatem... Sic etiam sunt nonnulli quorum insolentia et malitia ad « modum ignis in tantum succensa est quod hypocrisis pallio nequit « operiri, sed facti sunt inverecundi, quorum ecclesiæ improperando « dicitur : *Frons meretricis facta est tibi, noluisti erubescere.* »

3. « Alius quidem esurit, alius vero ebrius est... Ii quidem... ma-« jores quam principes sæculi, cæteri dejectiores vulgo. »

4. « Fatue disputaverunt de paupertate Christi... In omni gente et « lege vulgata de jure, quod est proprie naturale, sacerdotes habue-« runt et debent habere unde possent vivere honestius quam popu-« lares... Sed ex hoc non conceduntur equitaturæ seu familiæ super-« flua pompa quæ raro potest absque superbia duci et salva justitia « sustineri. »

Dans les temps malheureux, le faste attire moins le respect qu'il n'excite l'indignation : il appelle le pillage, surtout lorsqu'il ne recouvre ni noblesse ni savoir [1].

L'Église est en proie à la tyrannie. Les pasteurs ne paissent pas le troupeau, ils s'en repaissent [2]. On élève d'indignes sujets aux plus hautes dignités, et les meilleurs sont délaissés [3].

Le pouvoir séculier est ébranlé. Les peuples se sont émus [4].

Et le clergé refuse de s'amender [5].

Les prélats sont l'Église, disent les uns, et Dieu gardera toujours l'Église [6] ; « *Ego autem vobiscum sum usque ad consummationem sæculi.* »

Confiance aveugle ! C'est la foi seule qui ne peut périr [7]. « *Ego rogavi pro te, ut non deficiat fides tua.* »

Il y a déjà eu de mauvais prélats dans l'Église, disent

1. « Talis fastus in ecclesia Dei, potissimum temporibus istis, non « tantum movet paucos ad reverentiam, quantum multos ad indignationem, et plures invitat ad prædicta, qui se reputarent Deo sacrificare, si possent quosdam crassos presbyteros spoliare : istos præcipue quos nec nobilitas generis nec scientia suffragatur. »

2. « Pastores qui non pascunt gregem Domini sed semetipsos... « Quibus Dominus dicit : *Vos odio habetis bonum et diligitis malum « qui violenter tollitis pelles eorum desuper eos et carnem eorum desuper ossibus eorum ; et ita comederunt carnes populi mei.* »

3. « Promotio indignorum et vilipensio meliorum. »

4. « Tribulatio politiæ secularium et commotio populorum. »

5. « Recusatio correctionis... Filii mendaces, filii nolentes audire « legem, qui dicunt : *Nolite accipere verba quæ vera sunt, loquimini « nobis placentia*... Odio habuerunt in porta corripientem et loquentem « perfecte abominati sunt. »

6. « Quatuor opiniones possunt hominibus circa hoc occurrere... « Una... nimis confidentium atque dicentium *quod prælati sunt ecclesia, quam Dominus semper custodiet nec deseret eam.* »

7. « Sed hoc intelligendum est quantum ad fidem. »

les autres, et, grâce à Dieu, l'Église n'est pas encore à bas[1].

Téméraire confiance! Qu'une maison qui menace ruine ne soit pas encore tombée, cela prouve-t-il qu'elle ne tombera jamais[2]?

Advienne que pourra, disent ceux-ci, conformons-nous au siècle[3]. « *Fruamur bonis quæ sunt, et impleamus nos item.* »

Langage impie! langage digne de l'enfer[4]! Qui le tient court à sa perte[5]. « *Omne consilium meum et interpretationes meas neglexistis, et ego in interitu vestro ridebo, cum irruerit super vos tribulatio et angustia.* »

Il faut bien, disent ceux-là, que la domination temporelle de l'Église prenne fin : le démérite et l'entêtement de ses chefs l'exigent[6].

Grave erreur! Ninive condamnée fit pénitence, et Ninive pénitente fut épargnée[7].

Il faut donc revenir à Dieu au plus tôt[8]. Il y a long-

1. « Alia opinio est prorogantium... *Dudum... fuerunt reprehensi « prælati de receptione muneris, de pompis, de promotione indignorum et aliis vitiis, quæ quidem regnaverunt in Ecclesia etiam plus « quam nunc, et tamen Dei gratia usque adhuc prospere stetit.* »

2. « Non video quod si domus aliquandiu fuit ruinosa quod propter « hoc sit a casu remotior aut minus periculosa. »

3. « Tertius error est, valde perversus, quorumlibet dicentium : « *Veniat quod poterit, conformemus nos huic sæculo.* »

4. « Tales... sunt valde præjudiciabiles... et si principes Ecclesiæ « forent ita viles, ut haberent hanc cogitationem tam pessimam, non « possent in Tartarum nimis profunde intrudi. »

5. « Imo etiam incurrent temporale periculum quod magis timent. »

6. « Quartus est alius error diffidentium... *Necesse est quod hujusmodi Ecclesiæ dominatio capiat finem, exigentibus demeritis et obstinationibus gubernantium.* »

7. « Reperitur et Ninive conversa remansisse. »

8. « Restat salubre consilium... Si corde et opere ad Deum recur- « ramus. »

temps qu'il n'y a eu autant de gens mal disposés et de gens si mal disposés envers l'Église [1]; mais comme, grâce à Dieu, il y a encore beaucoup de gens de bien [2], s'il y a lieu de craindre, il y a aussi lieu d'espérer [3].

Les rois de la terre ne sont jamais plus généreux qu'au jour de leur fête; le roi du ciel ne pourra rien refuser à ceux qui l'imploreront au jour anniversaire de son incarnation [4]. Le jour de Noël est le jour du salut [5].

Composé par un prêtre qui savait dire la vérité, et prononcé devant un pape [6] et des cardinaux qui savaient l'entendre, ce sermon, où se retrouve la principale pensée du traité *de Malis venturis super Ecclesiam*, et dans lequel l'orateur, éclairé par tout ce qui se passait sous ses yeux, prévoit les excès de Wiclef et des Lollards, la visite des Grandes Compagnies à la cour d'Avignon [7], le long schisme d'Occident et la Réforme [8], demande, pour être bien apprécié, à être replacé au milieu des circonstances qui l'ont inspiré.

1. « A multis annis non fuerunt tot et tanti malevoli, corde rebelles, « et animosi contra Ecclesiam Dei, sicut iis diebus. »

2. « Adhuc per Dei gratiam multi sunt boni. »

3. « Sicut ad supplicandum nos incitat vis timoris, ita nos debet « attrahere spes salutis. »

4. « Si reges terreni in die celebritatis suæ se solent liberaliores « ostendere, quanto magis sperare debemus quod rex cœlestis cle- « mentissimus in die ortus sui rite petentibus veniam non negabit? »

5. « Ecce nunc dies salutis. »

6. Urbain V était animé des meilleures intentions. Pendant toute la durée de son pontificat il entretint à ses frais plus de mille écoliers en diverses universités, et, aussi prudent que généreux, il essaya de ramener la papauté à Rome. Voy. plus loin.

7. « Fastus... plures invitat ad prædicta, qui se reputarent Deo « sacrificare, si possent quosdam crassos presbyteros spoliare... »

8. « Erit discessio aliquarum Ecclesiarum ab ipsa Romana. »

Quelques fautes, en effet, que l'on ait reprochées à la plupart des papes qui ont résidé à Avignon, il ne paraît pas que l'on ait eu tort.

« Pauvres serviteurs du roi de France, ils laissaient la papauté devenir ce qu'elle pouvait. Ils ne voyaient dans les réserves [1] qu'un moyen de vendre des places, de faire de la simonie en grand. Jean XXII déclara effrontément, qu'en haine de la simonie, il se réservait tous les bénéfices vacants dans la chrétienté la première année de son pontificat [2]. Ce fils d'un savetier de Cahors laissa en mourant un trésor de vingt-cinq millions de ducats. Les hommes du temps crurent qu'il avait trouvé la pierre philosophale.

Benoît XII était si effrayé de l'état où il voyait l'Eglise, des intrigues et de la corruption dont il était assiégé, qu'il aimait mieux laisser les bénéfices vacants; il se réservait les nominations et ne nommait personne [3]. Lui mort, le torrent reprit son cours. A l'élection du prodigue et mondain Clément VI, on assure que plus de cent mille clercs vinrent à Avignon acheter des bénéfices [4].

Il faut lire les douloureuses lamentations de Pétrarque sur l'état de l'Église, ses invectives contre la Babylone

1. C'était une des choses dont se plaignaient le plus les seigneurs, patrons des églises, et les chanoines ou moines qui concouraient aux élections. Les papes, en déclarant qu'ils s'étaient réservé de nommer à tel ou tel bénéfice, arrêtaient d'un mot l'élection.

2. Balus., *Pap. Aven.*, I, p. 722. « Omnia beneficia ecclesiastica « quæ fuerunt et quocumque nomine censeantur et ubicumque ea « vacare contigerit. »

3. « Cum eos non reperiebat juxta gustum suum bene idoneos. » *Prima vit. Bened.*, XII, Ap. Baluz., I, p. 264.

4. « In Clemente clementia... *Tertia vit. Clem.* VI, *Ibid.*, p. 284. »

d'Occident. C'est tout à la fois Juvénal et Jérémie. Avignon est pour lui un autre labyrinthe, mais sans Ariane, sans fil libérateur ; il y trouve la cruauté de Minos et l'infamie du Minotaure[1]. Il peint avec dégoût les vieilles amours des princes de l'Église, ces mignons à tête blanche... Mille histoires scandaleuses couraient. Le conte absurde de la papesse Jeanne devint vraisemblable. L'érudite indignation de Pétrarque pouvait inspirer quelque défiance. Un jugement plus imposant pour le peuple était celui de sainte Brigitte et des deux saintes Catherine. La première fait dire par Jésus même ces paroles au pape d'Avignon : « Meurtrier des âmes, pire que Pilate et Judas! Judas n'a vendu que moi. Toi, tu vends encore les âmes de mes élus[2]! »

Voilà ce qui autorisait le sermon d'Oresme et ce qui le justifie. En le prononçant, il a fait montre de prévoyance, acte de zèle et preuve d'éloquence. Son langage a pu n'être pas goûté, il était légitime ; il a pu n'être pas efficace ; il ne saurait n'être pas approuvé[3].

Aussi Oresme a-t-il souvent cité ce sermon avec une juste fierté. Aussi les copies s'en sont-elles rapidement répandues jusqu'en Allemagne. Aussi était-il en grande estime vers la fin du moyen âge.

Qu'importe donc qu'au commencement de la Réforme les censures qu'il contient en le faisant imprimer et

1. « Petrarch. Ep. 10 *de tertia Babylone et quinto labyrintho.* »
2. « Tu pejor Lucifero... tu injustior Pilato... tu immitior Juda, « qui me solum vendidit ; tu autem non solum me vendis, sed et « animas electorum meorum. » S. Brigittæ revelationes. L. I, c. XLI. Mich., *Hist. de France*, III, 495, 497.
3. Voy. Nicolas de Clémengis, *de corrupto Ecclesiæ statu.*

réimprimer coup sur coup en compagnie d'une diatribe apocryphe[1] aient valu à Oresme une renommée que son orthodoxie eût certainement désavouée? Qu'importe encore que les éditions qu'en faisaient les protestants lui aient attiré le nom d'*hérétique* et même celui d'*hérésiarque* de la part d'auteurs dont sa vie et ses ouvrages démentent les téméraires et calomnieuses assertions[2]? Le sermon du 24 décembre 1363 lui fait le plus grand honneur.

II.

Ouvrages rédigés en français qui subsistent encore aujourd'hui et dont l'authenticité ne saurait être révoquée en doute.

1° Traité contre les *Divinations* en général et contre l'*Astrologie judiciaire* en particulier. Bibl. Imp., f. St-Germain, français, ms. n° 1907.

Inédit.

Le nom d'Oresme ne se lit ni au commencement ni à la fin du manuscrit; mais d'une part l'auteur de l'ouvrage y cite comme siens quatre traités d'Oresme : le traité *Contra Judiciarios astronomos*; le traité *Utrum res futuræ possint præsciri per astrologiam*; le « traittié de la Mesure des mouvemens du ciel, » c'est-à-dire le *de*

1. *Epistola Luciferi.* Voy. plus loin.

2. Jacques Gaultier, Pierre de Saint-Romuald, qui ne le connaissaient guère et n'ont fait suivre leur dire d'aucune preuve. Citée sans désapprobation dans le *Gallia christiana*, l'imputation y est au moins atténuée par l'éloge que Thomas Basin a fait d'Oresme. L'article de la *Biographie universelle* contient plus d'une erreur sur ce sujet : on y suppose qu'Oresme a été inculpé d'hérésie de son vivant : supposition toute gratuite.

Proportionalitate motuum cælestium, enfin le « traittié.... de la Configuracion des qualitez et des mouvemens, » et le « livre de la Figuracion des qualitez, « c'est-à-dire le *de Latitudinibus formarum*, et d'autre part Oresme a clairement fait allusion à cet ouvrage dans son traité *de la Sphère*, et dans sa traduction *des Éthiques*. Il lui est donc justement attribué par le catalogue de la Bibliothèque impériale.

Il n'a été cité jusqu'ici par aucun de ses biographes.

La composition en est, selon toute apparence, postérieure à 1361, puisqu'il est en français, et antérieure à 1364, puisque Oresme n'y paraît pas encore en rapport avec Charles V. Ce qui est certain, c'est qu'il est le premier ouvrage français d'Oresme.

Ce traité n'est pas une traduction française des ouvrages qu'Oresme a écrits en latin contre la divination et contre l'astrologie, mais il en reproduit avec force les meilleurs raisonnements, et il en résume avec bonheur les principales conclusions. A ces titres, l'analyse n'en peut être superflue.

« *Prologue de l'acteur*. »

« Mon intencion, à l'aide de Dieu, est monstrer en ce livret par experience, par aulteurs, par raison humaine, que fole chose, mauvaise et perilleuse temporelment est mettre son entente à vouloir savoir ou deviner les aventures et les fortunes à venir ou les choses occultes par astrologie, par nigromance, par geomance, ou par quelzconques telz ars, se on les doit appeller ars. Mesmement tele chose est plus perilleuse à personnes d'estat, comme sont princes et seigneurs, ausquelz appartient le gouvernement publique. Et pour ce ay je composé ce livret en françois, afin que gens laïs le puissent entendre, desquelz, si comme j'ay entendu, pluseurs sont trop enclins à telles fatuitez. Et autres fois ay je escript en latin de ceste matiere. Et se aulcun veult reprouver ce que je diray quant à ma principale intencion, si le face en appert et par raison, non pas en detraction, et escrise encontre, et je y respondray, se je puis; car ainsi porroit on trouver la verité. Toutevoies, quanque je diray, je le soubsmet à la correction de ceulx à qui il appartient et supplie que on me ait excusé de la rude maniere de parler; car je n'ay pas aprins ne acoustumé de riens bailler ou escripre en françois.»

L'ouvrage entier renferme dix-sept chapitres.

« Le premier est des ars par quoy on enquiert des choses occultes et mussiées.»

Ces arts sont « astrologie, geomance, ydromance, pyromance, experimens, superstitions, auspices, encontres, chant, volement des oiseaulx, membres des bestes mortes, art magian, nigromances, interpretacions de songe et autres vanitez.»

L'astrologie embrasse six parties :

« La premiere determine principalment des mouvemens des signes et des mesures des corps du ciel par laquelle avec les tables on peut savoir les constellacions et les eclipses à venir et semblables choses; la seconde est des qualitez, des influences et des puissances natureles des estoiles, des signes, des degrez des signes du ciel et de teles choses, comme une estoile en une partie du ciel signifie ou a vertu de causer chault ou froit, sec ou moiste, et ainsi des effects naturelz, et ceste partie est introductoire pour descendre aus jugemens: la tierce est des revolucions des ans et des conjunctions des planetes, et est appliquée principalment à trois manieres de jugemens : premierement à savoir par les grans conjunctions les grans aventures du monde, comme sont pestilences, mortalitez, famines, deluges, grans guerres, mutacions de royaumes, apparicions de prophetes, sectes nouvelles et teles mutacions; secondement à savoir la qualité de l'air, les mutacions du temps, du chault en froit, du sec en moiste, des vens et tempestes et telles manieres de choses; tiercement à jugier des humeurs des corps humains et des choses, comme de prendre medecine ou de chose semblable; la quarte partie est des nativitez, à jugier principalment la fortune d'un homme par la constellacion et figure de sa nature; la quinte est des interrogacions, à jugier et respondre d'une question par la constellacion qui est ou ciel à l'eure de la demande; la sixte est des elections, pour eslire heure de commencier un voyage ou une besongne, et soubz cette partie est contenue celle qui enseigne à faire ymages, carrectes, aneaulx et telles choses.»

Pour Oresme, la première partie est admissible, « et la puet on moult souffisamment savoir. » Il admettrait volontiers la seconde, mais « on en scet trop peu mesmement; car le plus des regles qui sont es livres sont faulses, comme dit Averroys, et petitement ou nullement prouvées. » Il n'y a donc pas à s'y fier.

Des subdivisions de la troisième, « la premiere qui est

des grans aventures du monde puet estre et est assez souffisamment sceue en general tant seulement, car en especial ne puet on savoir en quel païs, ou quel moys, par quelles personnes, ne sur quelles determinéement telles choses avendroient, ne les autres particulieres circonstances; » la seconde, « c'est chose possible estre sceue de sa nature, » mais jusqu'ici on n'a pas encore recueilli assez d'observations, « et par ce veons nous communement que de telles mutacions scevent mieulx jugier les mariniers ou les laboureurs des champs que ne font les astronomiens; » et en troisième lieu, « de ce qui appartient aux medecins puet on bien savoir aucunes choses quant aus effects qui ensuivent les cours du soleil et de la lune, et en oultre plus, peu ou neant. »

« La quarte partie qui est des nativitez, quant est de la complexion et inclinacion de la personne qui lors est née, est possible à savoir de sa nature; mais non pas de la fortune et des choses qui pevent estre empeschées par volonté humaine, desqueles ceste partie parle plus que des effects naturels. Et voit on souvent par experience que deux personnes sont nées en si petite difference que on ne la puet appercevoir, et toutes voies seront leurs fortunes toutes contraires. Pour quoy je di que ceste partie ne puet estre sceue, ne les regles sur ce escriptes ne sont pas vraies. »

« La quinte partie des interrogacions et la sixte des elections n'ont point de raisonnable fondement, et n'y a point de verité... telz ymages n'ont point d'effect, se ce n'est par art magique ou par nigromance. »

L'art de la divination exercé par « geomance, ydromance ou pyromance, est souverainement faux : « onques homme qui sceust la nature des choses ou qui eust discretion en luy n'y adjousta foi. » Mais « aromance, » qui « est une des parties de phisionomies, » peut « avoir aucune verité, quant à la complexion ou l'inclinacion de la personne et non pas quant à la fortune. »

« Des auguremens et auspices ou eurs... d'art magique et de incantacions » il a montré autrefois en d'autres écrits la fausseté et la malice.

La sorcellerie enfin et autres sciences occultes de même nature « pevent avoir effect en personnes forsenées, » mais « comme ce sont ars et malefices naturelz pour mettre les gens hors du sens, c'est tres perilleuse chose, et encore supposé que on en peust user sans pechié. »

Il est « prest, se mestier est, de monstrer et deffendre » ce qu'il dira et ce qu'il dit « par raison en latin contre ceulx qui voudront maintenir le contraire, avecque toute bonne correction et tous les jours, soit par experience, que telz divinemens faillent à voir dire. »

Peu importe qu'il connaisse ou non les prétendues sciences qu'il attaque : « Il n'est pas necessaire à cellui qui repreuve le jeu des tables et des dez qu'il soit maistre de telz jeuz. »

On fait un sophisme quand on demande pourquoi Abraham, Moïse, Job, les Ptolémées s'étant occupés d'astrologie, les princes chrétiens ne pourraient pas s'en occuper : autre chose est l'astronomie[1], autre chose l'astrologie.

1. Ce mot manque à Oresme, mais l'idée qu'il exprime est chez lui.

« La principale estude du prince doit estre gouverner son peuple par la science de politiques et par bons conseils de pluseurs gens loyaulx qui à la maniere des anciens Romains pensent plus du bien commun que d'acquerir richesses et vains honneurs. A tele chose doit le prince veiller et labourer. Mais bien est verité que aussi comme l'arc vault moins d'estre longuement tendu, il convient que le prince ait aucune recreacion et aucun honneste esbat qui lui soit repos, et quant il est de noble engin, à lui appartient bien savoir de astrologie et d'autres bonnes sciences, ou aucunes bonnes conclusions, si comme la disposicion du ciel, du monde et du nombre, de la qualité, de la quantité, de la figure et des mouvemens des corps du ciel et de teles choses qui sont bonnes et delittables à savoir. Et les doit le prince apprendre par oir dire, par simple narracion, non pas par curieuse inquisicion; car il ne doit pas savoir les demonstracions de Ptholomée, ne travailler à enquerir des planetes, ne estudier astralabes ne teles choses, mesmement ou cas que ce lui seroit paine, ou que il en seroit en rien destourbé du gouvernement publique.... se il y mettoit trop sa cure, il ne seroit pas reputé pour sage, maiz pour fantastique. »

« La science du ciel a trois tres nobles fins : la premiere est avoir congnoissance de si tres belles choses.... la seconde fin et la plus principale d'astrologie est ce que elle donne grant aide à la congnoissance de Dieu le createur.... la tierce fin d'astrologie et la moins principale est de congnoistre aucunes dispositions de ceste basse nature corruptible, presente ou à venir et tant non plus. »

« Astrologie est noble science et glorieuse, quant elle est tenue en ses mettes ; maiz quant on la veult estandre.... à interrogacions et à telles vanités, c'est contre philosophie et contre religion. »

S les divinations ont été en honneur chez plus d'un peuple, si les Juifs et les Romains par exemple ont usé de l'interprétation des songes et de l'inspection des entrailles des victimes, il y a toujours eu, même dans les temps où l'erreur a fait le plus de dupes, assez de sages incrédules pour empêcher la prescription de la vérité.

La vérité n'est jamais impunément méconnue : mal est advenu aux Romains d'avoir pratiqué tant de superstitions. « Ce leur faisoit faire diable orgueilleux et envieux à nature humaine, auquel ilz estoient subgiez par ydolatrie, et les nourrissoit par son mauvais engin, et maintenoit en telles erreurs afin que par ce les attraïst avecques lui à dampnacion pardurable, » et peut-être que dès cette vie « la mauvaise response de leurs auguremens estoit souvent cause de leur male fortune. »

Que de gens auxquels a été funeste la foi à la divination! Et cela par une conséquence toute naturelle : « quant le courage d'un homme s'est achopé, ahoqué, ou ahurté à une response de divinacion, il est aussi blecié de paour ou de desesperance, et procede et va depuis en la besongne aussi comme clochant et chancelant de mauvais esmouvement et de maniere qui tent à infortune et maleurté. »

A combien de supercheries n'ont pas recours les devins! Combien sont absurdes la plupart de leurs « pronosticacions : se un homme est nez soubz le signe du mouton, il sera liberal, parce que le mouton se laisse volontiers oster sa laine, et s'il est nez soubz le signe du torel, il sera laboureur, et semblables truffes. »

Il « n'est homme, se il a raison en soy, qui ne voye clerement que c'est une folie croire que par jetter per ou non per, on puisse savoir se un malade guerra ou morra, ou de deux champions lequel obtendra, et semblables choses. »

Il ne faut pas enfin que ceux qui ont cru jusqu'ici à l'astrologie et aux divinations continuent à y croire parce qu'ils y ont cru une fois.

« Ilz sont aucunes personnes qui par acoustumances qu'ilz ont eues en jœunesse, ou par mauvaise introduction, ou fole affection, ou perilleuse inclinacion, sont si fort affichiées ou aheurtées à une erreur et faulse oppinion que ilz ne la veulent laissier, mais leur est tristesce ou raison ou contraire, et sont inhabiles à entendre verité.... On se doit acoustumer à oir le contraire, et doit on soy abstraire, en resistant à son inclinacion, et oster toute affection, et soy tenir comme vray juge indiferent, en considerant loyaument les raisons aussi bien de l'une part comme de l'autre. »

C'est pourquoi il lui semble « que il n'est nul, se il est raisonnable, de noble entendement et enclin à verité, et veuille diligemment sans affection considerer les choses dessus dictes, qui dès ore en avant aye desir de mettre son entente et sa cure à telz divinemens. Et pour ce » lui « souffist il ce » qu'il en a dit « quant à présent, et fait-il « fin et conclusion que perilleuse chose temporelment est, signe et cause de mauvaise fortune en user de telz divinemens, et fole chose et mauvaise de y adjouster foy et y mettre son estude, et mesmement ceulx qui ont peuple à gouverner et qui sont à autres choses ordenés, et neanmoins misere humaine y fait aucuns entendre. »

Ainsi finit l'ouvrage. Oresme, au lieu d'y condamner sommairement au nom de l'Église et de la foi les prétendues sciences contre lesquelles il l'a écrit, les y attaque surtout au nom du bon sens et de la raison. Docteur orthodoxe, il fait bien les réserves voulues[1], il indique bien les censures prononcées[2], mais véritable philosophe, c'est à l'aide des seules lumières naturelles de l'intelligence humaine qu'il s'efforce d'éclairer ceux qui ont été ou qui pourraient être séduits par l'erreur. Ce caractère du traité contre les *Divinations* en général et contre l'*Astrologie judiciaire* en particulier, qui en fait le mérite, est aussi le caractère et le mérite de tous les traités qu'Oresme a écrits en latin contre ces prétendues sciences. S'il a composé contre elles au moins cinq traités latins et un traité français, c'est que l'astrologie judiciaire était la grande chimère du XIVe siècle. Charles V croyait à l'astrologie, il possédait plus de trois cents ouvrages sur les sciences divinatoires dans sa Librairie de la tour du Louvre[3], et il avait fait venir d'Ita-

1. Toutesvoiez ne veul je pas dire que on ne puisse bien savoir aucunes choses absentes ou avenir par prophecies ou par revelacion divine ou par vision naturelle et sans sciences. »

2. « Telz divinacions sont aussi comme une espece de ydolatrie, et est voulenté et folie et presumption que nature humaine veulle savoir ce qui appartient à Dieu tant seulement. »

3. Van Praet, *Catal. de Gilles Malet.*

lie Thomas de Pisan, astrologue célèbre, auquel il donnait cent livres par mois, traitement dont de fréquentes gratifications doublaient presque le chiffre[1]. Que si un esprit aussi sensé, aussi judicieux, aussi sage que celui de Charles V était infatué de sciences aussi vaines, quelle devait être la crédulité du vulgaire! Aussi Oresme n'eut-il pas tout le succès qu'il semble s'être promis. On continua de croire à l'astrologie après la publication de ses ouvrages comme on y avait cru avant.

On y crut sous Louis XI, on y crut au temps de Catherine de Médicis, on y crut sous Louis XIII; et lorsque La Fontaine écrivait sous Louis XIV les fables de l'Astrologue et de l'Horoscope, il ne frappait pas un ennemi à terre, mais une superstition encore debout et qui portait la tête haute.

2° Traité *de la Sphère*. Bibl. imp., anc. f. français, ms. n° 7065 et ms. 7487. Ce dernier ne contient que des extraits de l'ouvrage, faits sous Charles VIII par un certain Symon de Phares.

Imprimé.

Simon Dubois, Paris, sans date, commencement du XVIe siècle. Bibl. Maz., n° 15785.

Simon Dubois, Paris, 1508. Bibl. Sainte-Geneviève, V. in-4° 212.

Le ms. n° 7065 ne porte point de nom d'auteur; mais l'authenticité de l'ouvrage ne saurait être contestée: d'une part, celui qui l'a écrit y revendique comme sien

1. Dix-huit livres par an suffisaient alors à l'entretien d'un chapelain dans une paroisse et sept sols par semaine à celui d'un boursier dans un collége. Bul., *Hist. univ. Parisiens.*

le traité *contre les Divinations et l'Astrologie*, et de l'autre, Oresme, dans sa traduction du traité *du Ciel et du Monde*, renvoie à son traité *de la Sphère*[1]. Cela suffit pour légitimer l'attribution qui lui en a été faite dans le catalogue de la Bibliothèque impériale et dans les éditions de Simon Dubois.

Cité par Villaret, l'abbé Barth. de Beauregard ; par du Verdier, Launoy, un des rédacteurs du *Gallia christiana*, L. Dubois et Foisset, Paulin Paris, de Santarem.

En voici la préface.

« La figure et la disposicion du monde, le nombre et ordre dez elemens et les mouvemens des corps du ciel appartiennent à savoir à tout home qui est de france condicion et de noble engin ; et est bele chose et delectable, proffitable et honeste ; et avecques ce est necessaire pour savoir philozophie et par especial pour astrologie. Mès afin que engin humain peust plus legierement tele chose comprendre, les sages anciens composerent entre lez autres un instrument qui est appellé espere materiel ou artificiel, lequel on peut regarder tout entour, mouvoir et tourner, et y considerer en partie la description et le mouvement du monde et du ciel aussi come en un exemplaire duquel je veul dire en françois generalment et plainement ce qui est convenable pour savoir à tout home, sans moi profunder es demonstra-

1. « Et ainsi à l'honeur de Dieu et par sa grace je ay acompli le premier et le ij^e^ livres *de Celo et Mondo* pour lesquelz mieu entendre est expedient le traictté *de l'Espere* en françois dont je ay faitte mencion. » Trad. du tr. *du Ciel et du Monde*, II, 31.

cions et es subtilités qui appartiennent as astrologiens. Et veul deviser ceste œuvre par chapitres. »

Il y en a dans le manuscrit quarante-cinq à la table, cinquante dans le corps de l'ouvrage; dans l'exemplaire de la bibliothèque Mazarine, cinquante à la table, quarante-six dans le corps de l'ouvrage, ce sont les quatre derniers qui manquent; et dans l'exemplaire de la bibliothèque Sainte-Geneviève cinquante à la table comme dans le corps de l'ouvrage.

Ils traitent « de la figure du monde et de ses parties principales, de la nature du ciel, des parties du ciel, de la figure des espères du ciel, de l'essel et des poles du monde et de l'equinocial, du mouvement des planetes, du zodiaque et de ses poles, de la division du zodiaque, dont vint ceste division, de la latitude du zodiaque, come signe peust estre en trois manieres, des deux colures, du meridian, de l'orizon, des deux manieres d'orizon, de l'elevacion du pole, des quatre moindres cercles, des arcs du jour et de la nuit, du levement ou resconsement des signes en l'orizon droit, du levement et resconsement des signes en l'orizon ou l'espere oblique, de deux autres manieres du levement des signes, de l'excentrique du solail, de la plus grant moitié de l'an, de l'inequalité des jours naturels, d'une autre inequalité des jours naturels, de la mesure de la terre, de la variacion qui est pour diverses habitations, de la division de la terre en cinq parties, de la tierce plage en especial, de la quarte plage en especial, de la division de l'abitacion de la terre selon aucuns, de la division de la terre habitable selon les astrologes, de la longitude des climatz, de la latitude des climats, de la quantité du plus long jour en ceste climat, de l'elevacion du pole en chascun climat, de la quantité de terre habitable, des habitacions qui sont dehors les climatz, d'une merveilleuse consideracion ou circuite de la terre, des causes pourquoy un lieu est habitable ou non, des extremités de la terre habitable, de la difference des parties bien habitables selon leur latitude, de la difference des parties bien habitables selon leur longitude, du croissement et appetissement de la lune (declaracion plus plaine des choses dessus dictes), des causes des eclipses en general, d'eclipse de solail en especial, d'eclipse de la lune en especial, des coleurs de la lune en temps d'eclipse et de l'eclipse des estoiles. »

Le dernier chapitre, intitulé : *La fin de ceste œuvre*, est ainsi conçu :

« Je veul ici faire fin, car je ne veul pas ici parler des epicicles, ne des excentriques des planetes, ne des autres fortes choses pour ce que ce seroit trop longue chose et qui ne seroit pas aesié à tractier en françois souffisamment, et il me semble que il vaut mieu taire s'en que parler en sans monstrer les causes et les neccessités pourquoy teles choses furent trouvéez et la possibilité ou la maniere comme il pevent estre.

« Item, mon pourpos n'estoit pas d'entrer plus avant en teles subtilitez ne de baillier astrologie en françois, mès tant seulement declarer grossement la disposicion en general de l'espere du monde et ce que de ce est honneste à savoir à tout home et par especial à prince de noble engin, fors tant seulement que il n'en cesse nullement à faire chose qui appartienne à son office ou estat et au gouvernement de la chose publique. Et se il se vouloit profunder plus avant quant à la speculative des mouvemens, ce seroit curiosité quant à lui et chose où il ne doit pas mettre son entente, et se il en vouloit affettueusement savoir et enquerir quant à la prattique des jugemens des fortunes à venir, ce seroit chose nient certainne, impertinente à lui et perilleuse quant à Dieu et au monde, et se mettroit en peril de perdre ame et corps et bien et honneur, si come je ay plus à plain declaré et prouvé en un livret en françois que je ay fait à cest propos et sus ceste matiere.

« Item, je ay parlé en cest traitey en aucuns lieux prolixement et ay esté lonc, afin que chascun de bon entendement puisse ce que je ay dit legierement entendre et sans expositeurs. Et encore pour ceste cause ay en la fin yci faitte une table de mos estranges qui sunt en cest trattey, en laquele table je signe les chappitres ou tels mos sont exposés et les met selon l'ordre de l'a. b. c., afin que quant l'en trouve un tel mot en aucun chappitre, l'en puisse avoir recours et trouver aesiément le chappitre auquel tel mot est exposé ou deffini ou chappitre là où il est premierement trouvé[1]. »

Le traité *de la Sphère* n'est pas une œuvre originale : Oresme y expose simplement en français ce que lui ont appris sur le système du monde quelques-uns des principaux ouvrages où l'antiquité et le moyen âge avaient

1. Il y a d'autres tables semblables à celle ci chez Oresme et généralement chez la plupart des traducteurs du temps de Charles V. Elles sont fort curieuses pour l'histoire de la langue française.

essayé avant lui de l'expliquer en latin. Ce n'est pas non plus une traduction ; il n'y suit pas un texte unique ; il y expose et y résume, d'après les auteurs les plus divers, ce qui lui paraît être la vérité.

En général, les doctrines qu'il a admises, étant donnée l'immobilité de la terre, sont les plus exactes qu'il pût alors admettre. Il a pourtant adopté aussi quelques opinions singulières, que la terre par exemple a « xv^{m}. vij^{c}. l. lieues » de circonférence, que la zone torride est inhabitable et la zone tempérée antarctique inhabitée, qu'il n'y a ni antichthone ni antipodes, et que l'hémisphère austral est couvert d'eau. Mais à part ces idées fausses, son ouvrage, le premier qui ait été écrit en français sur la sphère[1], est un manuel remarquable pour le temps où il parut. Le plan en est bon et le style clair et précis. C'est d'Oresme que datent les principaux termes d'astronomie, de cosmographie et de géographie employés aujourd'hui pour l'exposition de ces sciences.

3° Traduction du traité *de Origine, natura, jure et mutationibus monetarum*. Bibl. imp., f. Notre-Dame, ms. n° 172.

Imprimée.

Colard Mansion, Bruges, vers 1477, petit in-fol. Un seul exemplaire connu[2].

Citée peut-être par Oresme[3], et certainement par Gilles Malet[4].

1. L'erreur commise au sujet d'un des écrits d'Abraham Aben Ezra, *Hist. litt. de la France*, XVI, 154, a été rectifiée, *ibid.*, XXI, 499-503.

2. Van Praet, *Notice sur Colard Mansion*, p. 63, 64.

3. Voy. plus haut p. 36, note 2.

4. *Catal. de Gilles Malet*, publié par Van Praet.

Citée aussi par La Croix du Maine.

La Croix du Maine l'avait par devers lui *écrite à la main sur parchemin, de fort belle écriture*, en 1584.

Le manuscrit de la Bibliothèque impériale est sur papier, écriture du XVIᵉ siècle.

A défaut de citation positive chez Oresme et de nom d'auteur dans le catalogue de Gilles Malet, comme dans l'édition de Colard Mansion et dans le manuscrit de la Bibliothèque impériale, les traductions qu'Oresme a faites de plusieurs de ses ouvrages, l'existence de cette traduction dans la Librairie de la tour du Louvre dès 1373, le témoignage de La Croix du Maine, dont le manuscrit n'était peut-être pas anonyme, la tradition qu'atteste le catalogue de la Bibliothèque impériale, le style enfin de l'ouvrage, voilà ce qui en garantit l'authenticité. Les exemplaires manuscrits et imprimés en sont devenus si rares, et la littérature française du moyen âge a laissé si peu de compositions de ce genre, qu'il sera peut-être intéressant d'en présenter une analyse développée.

« Cy commence ung petit traictié de la premiere invention des monnoies et des causes et manieres d'icelles.

« A quelle fin elles furent faictes, comment on en doit user, à qui appartient les forgier, empirer ou muer, et quels inconveniens en pevent venir et sourdre, assemblé de pluseurs volumes, et puis translaté de latin en françois nagaires, affin de monstrer le grant default et mesus qui aujourdhuy se fait en icelle par les marchans et communs et que le roy et les princes tollerent et souffrent, dont ensuivront pluseurs maulx, inconveniens et dommaiges irreparables, se de brief provision et remede n'y est mise, comme il sera specifié au procès cy après. »

Le prologue du translateur.

« *Veritate manifestata, cedat opinio veritati.* Qui est à dire en françois que quant verité est manifestée, toute oppinion doit ceder et donner lieu à verité. Et cestui dit ay amené à mon propos, pour ce que il semble à pluseurs que aucun roy ou prince puisse de sa propre auctorité, de droit ou de previlege, franchement muer les monnoyes en son royaume courans et en ordonner à sa volunté et plaisir, et avec ce sur icelles prendre gaing et emolument tel et autant qu'il luy plaist. A aucuns autre semble le contraire et que telle auctorité ne luy a oncques esté octroyée. Pour laquelle controversie et debat j'entens en ce petit present traictié, quelle chose selon philosophie et principalment selon les raisons d'Aristote il me semble estre à dire commençant à l'origine et commencement des premieres monnoies et à quelle fin elles furent trouvées, rien toutesvoies acertement n'affermant temerairement ne par oppinion, mais du tout me soubsmectant à la correction des plus grans et plus expers de moy en ceste science, lesquelz par aventure des choses que je suis à dire se pourroient par icelles exciter et esveiller à en determiner la verité par dessus tout, tellement que tout scrupule et doubte cessant les sages et prudens hommes puissent convenir ensemble en une vraye et profitable sentence, et selon icelle trouver que aux princes, aux subgectz, voire et à toute la chose publicque puisse profiter. Car certainement au temps present il en seroit grant besoing, vu que chascun à sa volunté en use en donnant la monnoie à tel et si hault pris qu'il luy plaist, qui est grant vitupere et deshonneur au prince dont icelle porte la figure de le souffrir ; car c'est directement atempté contre sa hautesse et seigneurie, et en après en la desertion et confusion totalle du bien universel de son royaume et pays. Car aujourdhuy il y a plus à faire entre les marchans d'estre d'accord du pris de la monnoie et la evaluacion qu'il n'y a de marchandise dont ilz traitent. Par quoy l'or et l'argent sont à present venuz à si hault pris que se de brief n'y est pourveu de remede, il est à doubter de pluseurs inconveniens grans et moult dommaigeables en la tollerance et souffrance d'icelle, comme des matieres à savoir or et argent estre transportez es pays voisins là où le cours est plus hault, et par ce diminuer le royaume au prejudice du premier et de ses subgectz, par laquelle evacuacion de matieres les marchans soufferoient detriment en leurs marchandises et denrrées et n'auroient cours au dit royaume ainsi evacué de pecune. Et encores qui est pire chose, les changeurs et banquiers qui sçavent où l'or a cours à plus hault pris, chascun en sa figure, ilz par secretes cautelles en diminuent le pris et l'envoient ou vendent dehors aux marchans en recevant d'iceulx autres pieces d'or mixtes et de bas aloy desquelles ilz emplissent le pays. Par quoy il est à doubter que quant il plaira au roy ou prince remettre ordre en sa monnoie que tous ceulx qui seront empeschez trouvez de celle mauvaise monnoie n'y perdent largement, comme des postulas nouvellement forgiés au pays de Liege ausquelz on donne cours en ce royaume pour demy escu d'or, et toutesvoies ilz sont de si bas aloy que mendre ne se pourroit trouver. Et encores qui pis vault irreguliere loy, il n'y a aucune vraye assiete ou pied sur quoy on se puist attendre. Et ainsi des autres deniers de bas or dont il doubte de son aloy. Et touchant la course de la monnoie d'argent à la evaluacion du marc, il est aussi à doubter la diminucion du royaume, parce qu'il vault plus es pays voisins qu'il ne fait icy, et n'y est pas la regle de xij marcs d'argent fin gardée pour un marc d'or fin, comme ceulx sçavent que la science entendent, qu'il seroit longue et prolixe à le descripre et d'entendement grief, et m'en passe atant, et viens aux rubriches d'un chascun chapitre du dit traictié. »

« Cy commencent les rubriches des chapitres ensuivans en cest traictié de l'origine, nature, droiz et mutacions des monnoies. »

Il y en a vingt-six dans le texte français manuscrit et imprimé, comme dans le texte latin manuscrit.

« Ainsi doncques par les prohemes et chapitres icy dessus touchez il appert en partie des esclandres, interestz et inconveniens, et non pas encore de tous qui se pevent ensuire et desja commencent avoir lieu au royaume et pays où l'en tolere et seuffre faire telz abbus en la monnoie et es nobles metaulx, dont elle se fait et doit faire. Et combien que à moy n'appartient d'en faire la querelle, attendu que je suis le meindre et le plus ignare et insuet de tous, toutesfois soit cestui adverlissement entendu et pris pour le bon couraige et veuloir que j'ay au bien universel, et ne m'en soit imputée aucune temeraire opprobre par les lisans, je en supplie. »

« Pecune... est instrument artificiel trouvé pour les naturelles richesses plus legierement permuter.

« Pour ce doncques que monnoie est l'instrument pour permuter les richesses naturelles les ungs aux autres.... il fut expedient que tel instrument fut apte et convenable à traictier et manier legierement des mains, legier à porter, etc. »

Comme l'or, l'argent, l'airain ou le cuivre sont les métaux qui remplissent le mieux ces conditions, l'on « ne doit pas permettre que tant d'iceulx metaulx soient appliqués en autres usaiges que le residu ne souffise pour faire monnoie. » Mais il n'est pas non plus « expedient ne politique que telle matiere, c'est assavoir or et argent soit en tropt grande habundance; car par aventure pour celle mesme cause se departit et fut reboutée la monnoie de cuivre. »

On n'a pas à craindre que l'alchimie trouve le secret de faire de l'or.

La monnaie d'argent est « apte et convenable à faire recompense et equiparacions par changes. » Mais « aucune foiz en une region n'est point assez competemment suffisance d'argent. Ains la petite porcion d'argent que justement se devrait donner pour une livre de pain ou d'autre telle chose seroit si petite que pour sa petitesse ne seroit pas bien payable ne maniable.... Pour ceste cause fut faite mixtion de une matiere moindre d'argent en valeur, et de ce eut et print sa naissance la noire monnoie qui est convenieute pour petites marchandises. »

Mais comme, en général, toutes mixtions sont « suspectes, » aucune mixtion « ne se doit faire fors pour la utilité commune. » Autrement « ne semble pas telle chose estre faitte de bonne et vraye entencion. »

La monnoie ne fut d'abord que « masses d'argent et de cuyvre que on prenoit au poix. » Mais « c'estoit ennuyable et empeschable chose de souvent recourre et aller à la ballance. » On imagina donc « figure ordonnée pour monnoie affin de congnoistre de la bonté, » car « ne se pouvoit bonnement la monnoie equiparer aux marchandises par poix. » De là vinrent « la livre, le soult, le denier, la maille, l'esterlin et le sixain, les deniers et les grains. »

« Ancores fut anciennement raisonnablement ordonné pour eschever deception que à chascun ne fut licite de faire monnoie ou de imprimer la figure ou imaige à son propre or et argent, mais fut ordonné que les caracteres et nombres qui se imprimeroient dedens la monnoie se feroient par une personne publique et deputée par plusieurs de la communaulté. Et pour ce que plusieurs le prince de la region est personne la plus publicque et de plus grande auctorité, il est plus convenant et convenable qu'il pour toute la communaulté face forger la monnoye. »

« Jaçoit ce que pour l'utilité commune le prince ait à enseigner la monnoie et aussi forger, comme dit est; toutesfoiz il ne s'ensuit pas que celluy seigneur et prince soit et doibve estre proprietaire et seigneur de la monnoie courant en sa principaulté et seigneurie ; car monnoie est legal instrument à permuer les richesses naturelles d'entre les hommes. » La monnaie est donc « la vraye possession de celui ou ceulx ausquelz furent telles et semblables richesses naturelles.... car se aucun donne son pain ou labeur de son propre corps pour pecune, quant il reçoit icelle par telle maniere, certes elle est purement sienne, pareillement comme estoit son pain ou le labeur de son corps, lesquelz estoient en sa libre et franche puissance de le faire ou donner, voire supposé qu'il ne soit serf. »

Prétendre que la monnaie appartient au prince d'après la parole : *Rendez à César ce qui est de César, et à Dieu ce qui est de Dieu*, c'est un sophisme. « En regardant l'ordre de l'Evangille, appert legierement que pour ce on ne doit dire appartenir le denier à Cesar, qui estoit soubzescript de son ymaige, mais pour ce qu'il estoit tribut appartenant à Cesar. »

L'altération de la monnaie a amené un funeste état de choses. En effet, « depuis aucun temps en ça » on est venu « en telle coutumance que ung chascun offre et presume oultre et pardessus le commandement du roy vendre ou alouer son denier d'or ou d'argent à sa volunté et oultre le pris y mis et constitué » de par le roi « et les estatz de son royaume, parquoy la chose est à ce venue que aujourdhuy il n'est homme de quelque estat qu'il soit, que ung denier d'or sache recevoir sinon à la voulenté du donnant... En outre et qui encores est de plus grant inconvenient, l'on n'a regard aux deniers du roy qui sont rongniez et desrobez de leur premier poix et si les alouent les possessans au meme pris de la course des bons qui ont leur vray poix. »

« Ainsi que la monnoie appartient à la communaulté.... pareillement se doit elle faire et forgier aux despens de la communaulté. »

« Se d'un marc d'argent se puissent faire lxij solz, et pour le labeur des ouvriers à ce necessaires soient requis pour chascun marc deux solz, lors le marc d'argent non monnoié ne vauldra que lx solz et les deux solz seront pour les despens du monnoyer. »

« Se la monnoie se peult faire pour moindre pris, il est assez convenant que le residu soit à la distribucion du prince et à son ordonnance ou du maistre de la monnoie. » Mais il ne faut pas que « celle pension ou porcion » soit « excessive et tropt grande, » car « ce seroit au prejudice et dommaige de toute la communaulté. »

On doit toujours le moins possible « muer.... les premieres loix, statutz, coustumes et ordonnances touchant la communaulté. »

« La loi antique, positive, n'est nullement à abrogier ne effacer pour une nouvelle.... Se elles se font souvent, de telles mutacions naissent esclandres et murmures ou peuple et peril de inobedience, et encore plus se telles mutacions estoient faites en pires. » « Il est certain que le cours et le pris des monnoies doit estre ou royaume comme une loy et ferme ordonnance que nullement ne se doit muer ne changer. »

« Faire mutacion de figure en faisant nouvelle monnoie et defendant le cours de la vieille, » c'est un abus, à moins qu'un « prince estrangier » ou « aucuns faulsaires » n'aient « malicieusement effacé ou contrefait les formes et coings des monnoies, » ou que « la vieille monnoie » ne soit « par son ancien et long cours tropt fort empirée et diminuée de poix. » Hormis ces cas, le prince ne peut « licitement defendre le cours de la premiere monnoie. » Agir autrement, c'est mutation « scandaleuse et à la communaulté moult dommaigeable. »

« Proporcion est une comparaison ou habitude faicte d'une chose à ung autre, si comme en proporcion de la monnoie d'or à la monnoie d'argent doit estre certaine habitude et proporcion en valeur et en pris ; car selon ce que or est de sa nature plus noble, plus precieux et meilleur de l'argent et à le trouver et avoir plus difficile certes il convient et est bien raison que le meisme poix d'or doit beaulcopt plus valoir et estre de plus precieuse estime en certaine proporcion de l'argent, si comme par aventure la proporcion de vingt à ung, et ainsi une livre d'or vauldroit vingt livres d'argent, ung marc d'or vingt marcs d'argent, et ainsi semblablement du grant au petit. »

Si le prince « muoit à sa voulenté la proporcion d'iceluy or, il par sa voulenté pourroit attraire à soy indeuement les pecunes et substances de ses subgectz, comme se il taxoit l'or à petit pris et iceluy rachetast pour argent, et en après augmentast l'or en pris et de rechief le vendist ou la monnoie d'iceluy. »

« S'il mettoit pris en tout le fourment de son royaume, puis l'acheptast, et après peu de temps le revendist peur plus chier pris, certes un chascun pourroit legierement entendre que cette exaction seroit injuste et vrayement tyrannique. »

Il n'est pas permis au prince « de mettre et imposer tel pris qu'il luy plaist » aux objets, « si comme aucuns dient du sel en France et encores mieulx de la monnoie. Cestuy monopole ou gabelle de sel ou d'autre chose necessaire à la communaulté, saichez qu'elle est injuste et inique, et se aucuns princes ont institué ou fait telles loix, entendans telles choses venir à eux, ilz saichent qu'ilz sont ceulx desquels Nostre Saulveur dist par la bouche d'Isaïe le prophete : *Malediction à ceulx qui ordonnent et font loix iniques et escripvent telles injustices ou exactions au peuple !* »

Soit dit « affin que le prince ne puisse malicieusement faindre cause aucune de mutacion de la proporcion des monnoies. » Car il n'appartient qu'à « la seulle communaulté d'en discerner et determiner si elle se peult et doit faire, et quant, et comment, et jusques à quant icelle proporcion est à estre muée, ne au prince appartient par quelque voye ceste chose à soy usurper. »

Les monnaies ont des noms « accidentaux, » ceux qui sont « prins du forgeur ou du lieu où elles sont forgées. » On les peut changer : « iceulx font peu ou gueres à l'assiette. » Mais il y en a d'autres « plus essenciaulx et appropriez aux monnoies, » comme : « deniers, solz, livres, » qui en « signifient et denotent le pris, le poix et la valeur. » Ceux-là ne se doivent jamais muer, car on ne les peut muer sans perturbation dans « les pensions et revenues. » C'est pourquoi, « prejudiciable et dommaigeuse, » la mutation « d'appellacion nullement n'est à souffrir estre faicte, et especialment le prince en nul cas ne doit attempter icelle. »

« Telle mutacion est simplement illicite especialment au prince lequel ne peult nollement ceste chose faire fors laidement et injustement, à son tres grant vitupere. » Comme « on meet au denier l'imaige et la subscription de par le prince à signifier et donner à cognoistre la certitude du poix, qualité et bonté de la matiere, » si le prince trompe, c'est « une faulseté tres ville et deception frauduleuse. »

Quiconque falsifie « les mesures du blé et du vin, » on le répute « infame et faulsaire, » que penser du prince « qui fraude en monnoie? Richesses mal acquises, malement se perdront. »

Il est permis de changer la matière de la monnaie, lorsque cette matière devient trop abondante, et par exemple laisser le cuivre pour l'argent et pour l'or. La rareté de l'or seule autorise les monnaies mixtes d'or et d'argent, et encore « la proporcion de telle mutacion ou mixtion se doit faire par la communaulté pour plus grande seureté avoir de la monnoie. »

« Muer la mixtion ou proporcion de la monnoie, ceste chose n'est permise ne licite à aucun prince, » car « celle chose muer est falsifier la monnoie. »

« Et le plus, on escript le nom de Dieu ou d'aucun sainct et le signe de la croix, laquelle maniere fut trouvée et anciennement instituée en tesmoing de la verité de la monnoie en matiere de poix. » Aussi, si malgré « ceste inscription, » un prince « mue les monnoies en poix ou en composicion, » alors « il est veu taisiblement estre menteur, commettre parjurement et porter tesmoingnaige faulx, et encores est prevaricateur et deppiteur de celluy legal commandement de Dieu ouquel est dit : *Tu ne prandras point le nom de ton Dieu en vain.* » En outre, « ceste faulseté seroit pire que en la mutacion du pris, car elle est plus sophistique et moins apperceevable. » Partout où il existe des monnaies mixtes, la communauté doit garder « en lieu ou lieux publicques l'exemple et prinse d'icelle proporcion et qualitez d'icelles mixtions, » afin que ni « le prince » ni autres « occultement ne falsifient la monnoie, » comme « de plusieurs autres mesures » la communauté « garde vers elle les exemples et prises. »

Changer simultanément la monnaie de plusieurs manières en titre, en nom, etc., est chose généralement mauvaise, et, en cas de nécessité, le prince ne peut jamais la changer ainsi que « par la communaulté, » car, « nulle mutacion de monnoie, soit simple ou composée, n'est à estre faicte de la seule auctorité du prince. »

« La principalle et finalle cause pour laquelle le prince veult avoir la puissance de muer la monnoie n'est autre chose que pour y avoir et prandre gaing et emolument à son proffit.... Telle acquisicion est injuste et mauvaise, » car « en tant que le prince prent illec de gaing, il s'ensuit et est de necessité que la communaulté y ait du dommaige. »

Changer la monnaie de quelque façon que ce soit, même pour en employer « le gaing, » à bien, et le « despendre en usaige pitoyable et ausmones, » c'est comme si le prince voulait « oster la robbe ou autre chose » à un de ses sujets, c'est les ramener tous « en servitude, » c'est « droictement tyranniser et fait de parfait tyran. »

« Chose monstrueuse est et contre nature, que la chose non apte à porter, enfante, ne que la chose sterile et seiche de toute espece, fructifie ou multiplie de soy mesme, si comme est pecune ou monnoie. » Par conséquent, « que le denier enfante et parisse ung denier,... est chose contre nature. » Donc gagner en changeant ou en faisant le métier de changeur, « tel gaing est inhonneste, » et « à nature desrogue,... celluy qui prent par ces manieres de mutacions gaing ou aucuns emolumens. »

Le « change » est une manière « ville » de gagner; « usure » en est une « mauvaise; » mais gagner en altérant la monnaie est chose « pire et tres mauvaise. »

De même que saint Matthieu, qui avait été « changeur, » ne retourna pas à son premier état, après la résurrection de Jésus-Christ, tandis que saint Pierre, qui « estoit pescheur, » y retourna, ainsi l'on ne doit pas augmenter « ses pecunes par gaignage de tonlieu et de peaige. »

« Ilz sont aucuns ars villains qui soullent le corps si comme nectoyer basses chambres, cheminées et semblables, et autres sont qui maculent et soullent l'ame, » par exemple l'usure. Que dire de l'altération des monnaies? « L'usurier donne sa pecune à celuy qui la reçoit voluntairement et de son bon gré et qui d'elle par après se peult aider et secourir à sa necessité; » le prince, au contraire, « par indeue et inconveniente mutacion de la monnoie, prent de fait et non voluntairement la pecune de ses subgectz. » Aussi « le gaing d'un usurier n'est pas tant excessif ne si prejudiciable en general à aucuns, si comme ceste mutacion laquelle est imposée oultre et par dessus toute la communauté, » et est « tyrannique et frauduleuse. »

On peut encore à la rigueur tolérer « aucunes negociacions villes, » comme le métier de changeur ou celui d'usurier ; on tolère bien les mauvais lieux. Mais on ne peut tolérer aucune mutation dans les monnaies. « L'integrité » de la monnaie est chose sacrée, ô princes ! « Ne soient aucuns de vous appetibles ne convoitables d'icelle integrité destruire ! »

« Il convient et est chose propre à ung prince de condampner et pugnir les faulx monnoyers et ceulx qui en monnoie font aucune faulseté ou larrecins. Comment doncques ne doit pas celluy avoir grant vergoigne, se on trouve en luy la chose qu'il devroit pugnir en ung autre par tres laide et infame mort. »

« Aucunes foiz vault plus une piece d'or ou d'argent en un lieu ou ville que en ung autre pour ung mesme temps et jour, comme il est encores aujourdhui, et souvent ignore le peuple de maintenant pour les dictes mutacions combien vault le denier d'or ou d'argent. » De pareils effets sont funestes : c'est pour crime de mutation que Roboam a perdu « la seigneurie de dix lignées de son peuple d'Israel. »

« L'or et l'argent par telles mutacions et empiremens se amoindrist et diminue en ung royaume. » La bonne monnaie disparaît de tout pays où « l'en fait empirances. » Les marchands étrangers cessent d'y venir. « La matiere monnoiable » finit par se consumer quand on la fond et refond sans cesse. « Les marchans et mechaniques ne sçavent commēnt communiquer ensemble. » Enfin « les aumosnes caritatives des pauvres, membres de Dieu... sont refroidées et retardées. »

Ce n'est pas le prince qui gagne le plus aux mutations, ce sont les « receveurs, » et ceux qui savent d'avance quand le prince doit faire mutation. « Ilz achettent marchandises, » qu'ils revendent en temps propice, « et ainsi souldainement sont faiz riches et gaignent tropt tost et indeuement contre le naturel cours legitime. »

« Le prince, par telles diversificacions et sophisticacions des monnoies, donne occasion aux mauvais de faire faulse monnoie, » et de s'en croire d'avance justifiés par son exemple.

La communauté même n'a pas le droit d'altérer les monnaies, fût-ce « pour guerre ou la redemption de son prince prisonnier, » à moins d'une indispensable nécessité. L'altération de la monnaie est alors une « cueillecte » qui est « plus esgalle et proporcionnalle » que toute autre : « car qui plus a, plus a payé. » « Elle est aussi tres generalle ; car ne clerc ne noble, par privileige ne autrement, ne peut d'icelle exempter, si comme sont les plusieurs qui se vuellent d'autres cueillotes substraire, dont naissent plusieurs envies, dissencions, trussons, scandalles et moult d'autres inconveniens, lesquelz ne viennent point par telle mutacion. » Cependant comme les avantages n'en compensent point les inconvéniens, il ne faut pas moins n'en user qu'à la dernière extrémité.

Mais, dit-on, « en cas de necessité, toutes choses appartiennent au prince, » il peut donc altérer les monnaies de sa propre autorité, surtout s'il en a obtenu la permission du pape, de l'empereur ou de la communauté, puisque la communauté le peut en certain cas.

« Il est à determiner par la communaulté ou par la plus part d'icelle expressement ou taisiblement quant, quelle et comme grande necessité appert » d'établir un impôt. « Expressement.... à ce se doit assembler la communaulté, s'il est possible et que faculté y soit.... Aussi taisiblement, c'est-à-dire, que se la necessité estoit si hastive que le peuple ne peust estre à temps appellé.... il est licite au prince recevoir autant des facultez de ses subgetz, non par les mutacions des monnoies, mais par maniere de prest, duquel.... il doit faire plaine restitucion, » au plus tôt.

Le pape n'a jamais permis d'altérer les monnaies et ne pourra jamais le permettre.

L'empereur n'a jamais été consulté et ne le sera jamais à cet égard : il n'a point d'autorité en France.

Mais « on argue que la communaulté à laquelle appartient et est la monnoie, se peult despouiller de son droit et icelluy totallement donner au prince, et ainsi tout le droit de la monnoie seroit neument desvolu au prince. »

La communauté ne doit pas aliéner son droit.

« Communauté de citoiens, laquelle naturellement est franche et tend à liberté, jamais scientement ne se soumettroit à servitude ou s'abbaisseroit au jugement de la puissance tyrannique, » elle ne peut donc concéder au prince ce droit de mutation qui la ferait pire que serve, pas plus qu'elle ne peut lui accorder celui « d'abbuser des femmes de ses cytoiens à sa voulenté. »

Les revenus nécessaires à l'administration de l'État « se doivent assigner ailleurs et prendre par autre manière que par telles indeues mutacions. »

Il n'est pas même permis au prince de se faire payer pour ne pas altérer la monnaie. « Celle chose lui denier, n'est pas icellui desheriter ou aller contre la royale majesté, comme aucuns menteurs, flateurs et faulsaires, traitres à la chose publicque luy dient et font entendre; » car puisqu'il ne lui est jamais permis de faire telle mutation, « il n'est digne d'avoir aucune pension ou don pour soy abstenir de telle abusive exaction. »

« Le prince tyrant ne peult longuement durer. »

Aristote, Cicéron, Sénèque, Plutarque, etc., ont prouvé que la tyrannie est chose fragile. Tout prince qui altère la monnaie « est comme un monstre à nature. »

« Prendre gaing par mutacion de monnoie prejudicie à toute la royale posterité. »

Lorsqu'un prince altère les monnaies, ses sujets sont exposés à souffrir « tant de pestilences, tant de calamitez et de miseres, quantes et quelles soullent advenir en la distraction et translacion des royaumes, comme puis peu de temps en ça avons assez veu par deffaulte de chief; » car « par tyrannizacion on expose le royaume à perdicion. »

« A Dieu ne plaise que les francs couraiges des François fussent si abastardys que voluntairement fussent faiz serfz! »

« Combien que la puissance soit grande des tyrans, toutesfoiz elle est violente es cueurs des enfans des subgectz advenir. »

« Quiconques donc vouldroit par aucune maniere attraire et induire les seigneurs de France à cestuy regime tyrannique, certes il exposeroit le royaume en grant decroiement et honte, et le prepareroit à sa fin. Car onques la tres noble sequelle des roys de France n'aprint à tyranniser, ne aussi le peuple gallican ne s'accoustume oncques à subjection servile. Et pour ce se la royalle sequelle de France delinque de sa premiere vertu, elle perdra son royaume, et sera translaté en autre main. »

Conclusion du translateur.

« Les choses cy dessus premises soient dictes sans affection ou affirmacion et à la correction des saiges et prudens hommes, et mesmement de vous, mon tres chier et honnoré Seigneur, qui en la plus part d'icelles vous congnoissez et estes expert. Car selon que dit Aristote les besongnes civilles sont plus souvent doubteuses et incertaines. Se aucun doncques pour amour de verité enquerir vouldroit contredire à icelles ou escripre contre, bien sera. Mais se j'ay mal parlé, porte il tesmoignage du mal avec raison, affin qu'il ne soit veu pour neant et de sa singuliere voulenté temerairement condamner ce que bonnement ne se peult impugner ne contredire. »

Il suffit de comparer le texte latin et le texte français du traité des Monnaies, pour voir qu'à part la préface qui est fort courte dans les textes latins soit manuscrits, soit imprimés, et qui est beaucoup plus développée dans le manuscrit français, le texte français manuscrit est une véritable et fidèle traduction du texte latin manuscrit qu'il reproduit en entier. Comme d'un autre côté le manuscrit français que possédait La Croix du Maine contenait aussi vingt-six chapitres, il est encore très-probable que le texte français imprimé vers 1477 donnait les trois chapitres qui manquent dans les textes latins imprimés. Il serait par trop singulier que le même hasard, la même erreur, ou les mêmes raisons les y eussent également fait omettre.

Le passage du dernier chapitre de l'ouvrage français, où l'auteur, après avoir déclaré que toute mutation dans la valeur des monnaies entraîne de grands malheurs, ajoute : *Comme puis peu de temps en ça avons assez veu par deffaulte de chief*, et l'apostrophe de la conclusion : *Et mesmement de vous, mon tres chier et honnoré Seigneur*[1], dont les équivalents manquent dans l'ouvrage latin, indiquent que cette traduction est certainement postérieure de quelque temps à la captivité du roi Jean, pris à Poitiers en 1356, mais laissent ignorer, dans le cas où elle aurait été offerte à son fils, si ce fut avant ou après 1364, année où de Dauphin celui-ci devint roi.

Pour apprécier les considérations d'Oresme sur les monnaies à leur juste valeur, pour en comprendre l'opportunité et le mérite, pour en sentir la singulière

1. Cette appellation qui serait aujourd'hui familière est celle dont se sert aussi Jehan Dandin dans un ouvrage incontestablement dédié à Charles V. Voy. plus loin.

et courageuse éloquence, il faut se placer au milieu des circonstances dans lesquelles l'ouvrage a paru. Qu'on se rappelle d'abord qu'il date incontestablement pour le texte latin, sinon pour le texte français, du règne de Jean II dit le Bon, et qu'on relise ensuite l'histoire de ce roi.

« Sa grande ressource était l'altération des monnaies. Philippe le Bel et ses fils, Philippe de Valois, avaient usé largement de cette forme de banqueroute. Jean les fit oublier, comme il surpassa aussi toute banqueroute royale ou nationale qui pût jamais venir. On croit rêver quand on lit les brusques et contradictoires ordonnances que fit ce prince en si peu d'années. C'est la loi en démence. A son avénement, le marc d'argent valait cinq livres cinq sous, à la fin de l'année onze livres. En février 1352, il était tombé à quatre livres cinq sous; un an après il était reporté à douze livres. En 1354, il fut fixé à quatre livres quatre sous; il valait dix-huit livres en 1355. On le remit à cinq livres cinq sous, mais on affaiblit tellement la monnaie, qu'il monta en 1359 au taux de cent deux livres.

Jean avait d'abord cherché à tenir secrètes ces honteuses falsifications; il mandait aux officiers des monnaies : *Sur le serment que vous avez au roy, tenez cette chose secrette le mieux que vous pourrez... que par vous ne aucans d'eux les changeurs ne autres ne puissent savoir ne sentir aucune chose; car si par vous est sçu en serez punis par telle maniere, que tous autres y auront exemple.* (24 mars 1350).... *Si aucun demande à combien les blancs sont de loy, feignez qu'ils sont à six deniers.* Il leur enjoignait de les frapper bien exactement aux anciens coins : *Afin que les marchands ne puissent apercevoir l'abaissement, à peine d'estre declarés traitres.* Philippe de Valois avait usé aussi autrefois de ces précautions, mais à la longue il avait été plus hardi, et avait proclamé comme un droit ce qu'il cachait d'abord comme une fraude. Jean ne pouvait être moins hardi que son père. *Ja soit*, dit-il, *ce que à nous seul, et pour le tout de nostre droit royal, par tout nostre royaume appartiegne de faire teles monnoyes comme il nous plait et de leur donner cours.* Ord. III, p. 555. Et comme si ce n'était pas le peuple qui en souffrait, il donnait cette ressource pour un revenu privé qu'il faisait servir aux dépenses publiques *desquelles sans le trop grand grief du peuple dudit royaume nous ne pourrions bonnement finer, si n'estoit pas le domaine et revenue du prouffit et emolument des monnoyes.* Préf., Ord. III.[1] »

Les faits et les doctrines que contiennent ces citations, voilà le plus grand éloge que l'on puisse faire des considérations d'Oresme sur les monnaies : en les publiant, il n'a pas seulement publié un bon livre, il a fait un acte de bon citoyen.

4° Traduction des *Ethiques* d'Aristote. Bibl. Imp. anc. f. français, ms. n° 6860, ms. n° 6861, ms. n° 6862, ms. n° 7059 et ms. n° 7060.

Imprimée.

Antoine Vérard, Paris, 1488, in-fol. Bibl. Maz. n° 490 et n° 3626.

1. Mich. *Hist. de France*, III, 360, 362.

Citée par Gilles Malet, Ph. de Maizières, Christine de Pisan, Nic. Gilles, J. du Tillet, du Haillan, J. de Serres, l'abbé de Choisy, Villaret, Michelet, Henri Martin, l'abbé Barth. de Baurcgard; par Loys Lasseré, Pasquier, La Croix du Maine, du Verdier, Gilb. Genebrard, Gab. Naudé, P. de Saint-Romuald, Huet, Sorel, du Boulai, l'éditeur du *Max. Bibl. veterum patrum*, Launoy, Adr. Baillet, Ellies du Pin, David Clément, un des rédacteurs du *Gallia christiana*, Moréri, Crevier, L. Dubois et Foisset, Van Praet, Paulin Paris, Bouillet.

5° Traduction des *Politiques* et des *Economiques* d'Aristote. Bibl. Imp. anc. f. français, ms. n° 6860, ms. n° 6863 ², ms. n° 6796, ms. n° 7061 et f. de Navarre, ms. n° 12. Ce dernier ne contient que la traduction des *Politiques*.

Imprimée.

Antoine Vérard, Paris, 1489, 2 vol. in-fol. Bibl. Imp. Réserve.

Citée par Gilles Malet, Ph. de Maizières, Christine de Pisan, Nic. Gilles, J. du Tillet, du Haillan, J. de Serres, l'abbé de Choisy, Bern. de Montfaucon, le président Hénault, Villaret, Michelet, Henri Martin, l'abbé B. de Beauregard; par Loys Lasseré, Pasquier, La Croix du Maine, du Verdier, Gilb. Genebrard, Gab. Naudé, Huet, Sorel, du Boulai, l'éditeur du *Max. Bibl. veterum patrum*, Launoy, Adr. Baillet, Ellies du Pin, David Clément, un des rédacteurs du *Gallia christiana*, Moréri, Crevier, L. Dubois et Foisset, Van Praet, Paulin Paris, Bouillet.

6° Traduction du traité *du Ciel et du Monde* d'Aristote. Bibl. Imp. anc. f. français, ms. n° 7065.

Inédite.

Citée par Christine de Pisan, l'abbé de Choisy, J. Gosselin, La Croix du Maine, Sorel, du Boulai, Launoy, Adr. Baillet qui semble en faire deux ouvrages distincts, Moréri, L. Dubois et Foisset, Paulin Paris.

Oresme n'a traduit aucun de ces ouvrages du grec même : il ne savait pas la langue d'Aristote. Pour suppléer à la science qui lui faisait défaut, il s'est du moins efforcé de réunir autour de lui tous les secours dont on pouvait user alors. A défaut du texte grec, il a eu sous les yeux les meilleures traductions et les meilleurs commentaires que l'on en possédât au XIVe siècle, et il a eu le bon esprit de préférer les traductions écrites d'après le grec aux traductions faites de l'arabe.

Il a composé :

La traduction des *Éthiques* généralement d'après la traduction grecque-latine de Robert Grosse-Tête, évêque de Lincoln : *liber Ethicorum*, et le commentaire d'Eustrathe, d'Aspasius et de Michel d'Éphèse, traduit du grec en latin par le même ; subsidiairement d'après la traduction arabe-latine de Hermann l'Allemand et le commentaire d'Averroës traduit de l'arabe en latin par le même, et peut-être aussi d'après la traduction grecque-latine anonyme du XIIIe siècle : *Ethica nova*, dont on ne possède que le premier livre ;

Celle des *Politiques* et des *Économiques* d'après la traduction grecque-latine de Guillaume de Moerbeka : *libri Politicorum*, et la traduction grecque-latine faite en commun en 1294, par deux prêtres grecs, anonymes, et Durand d'Auvergne : *libri Yconomicorum;*

Celle du traité *du Ciel et du Monde* généralement d'après la traduction grecque-latine de Guillaume de Moerbeka : *libri de Cœlo et Mundo*, et le commentaire de Simplicius traduit du grec en latin par le même ; subsidiairement d'après la traduction arabe latine de Michel Scot et le commentaire d'Averroès traduit de l'arabe en latin par le même, et probablement aussi d'après la traduction arabe-latine de Jean Avendeath et de Dominique Gondisalvi.

Chacune de ces trois traductions est précédée de son prologue, aucune n'est accompagnée d'un texte latin, toutes sont enrichies de gloses tirées, soit des commentaires de la Grèce, soit de ceux du moyen âge, soit du propre fonds de l'auteur, et suivies selon l'usage du temps d'une table des mots encore peu usités ou pour la première fois employés. Entreprises par ordre de Charles V, elles ont été publiées, la première, en 1370, la seconde, en 1371, la troisième en 1377.

Les extraits qui suivent ont été faits d'après le ms. n° 6860 pour la traduction des *Éthiques* et celle des *Politiques et Économiques*, et d'après le ms. n° 7065 pour la traduction du traité *du Ciel et du Monde*. Le ms. n° 6860, qui a fait partie, selon toute apparence, de la Librairie de la tour du Louvre, est probablement le plus ancien et certainement le plus exact des manuscrits d'Oresme aujourd'hui connus. Le ms. n° 7065 est unique. Les premières phrases du texte latin généralement suivi par Oresme, rapprochées des premières phrases du texte français, montreront de quelle manière il traduisait.

Prologue de la traduction des *Éthiques*.

« En la confiance de l'aide de Nostre Seigneur Jhesu Crist, du commandement de tres noble et excellent prince, Charles, quint de ce nom, par la grace de Dieu roy de France, je propose translater de latin en françois aucuns livres lesquelz fist Aristote le souverain philosophe qui fut docteur et conseillier du grant roi Alixandre et duquel la doctrine pour la valeur et l'excellence d'elle a esté multipliée et en grant reputation vers les sages presque partout le monde, et a esté translatée en pluseurs langages et exposée à tres grant diligence de pluseurs docteurs catholiques et autres et receue en toutes lois et sectes renommées et tenue en grant auctorité dès devant le advenement Nostre Seigneur Jhesu Crist environ v^{c} ans et depuis jusques à maintenant par l'espace de mil ccclxx ans, et sera ou temps avenir tant comme à Dieu plaira.

« Et de toute doctrine la meilleur, la plus digne et la plus profitable, c'est la science de moralité contenue par especial et principalment en un livre divisé en deux qui sont appellés Ethiques et Politiques. Le livre de Ethiques, c'est le livre de bonnes meurs, livre de vertus, ouquel il enseigne selon raison naturel bien faire et estre beneuré en cest monde. Et Politiques est art et science de gouverner royaumes et cités et toutes communités. Et ne treuve l'en pas de ceste science livres plus raisonnablement, artificialment et complectement composés que sont les livres Aristote. Si me semble que nous devons beneir et loer le roy du ciel qui a son peuple pourveu de tel roy terrien, plain de si grant sagesce, et qui avec les autres graces que il li a données, il li a inspirée si noble volenté que il met sa cure et son entente à si bonnes sciences. Car après la foy catholique en quoy il est souffisamment instruit et de laquelle il est soubz Dieu après le pape principal defenseur, il ne pourroit meilleurs choses savoir ne plus profitables pour lui et pour son royaume et avec ce pour le salut de l'ame.

« Car quant est de Ethiques, verité est que les autres ars et sciences enseignent, une estre bon edifieur ou bon paintre; l'autre, estre bon advocat ou bon notaire; l'autre, estre bon medecin ou bon musicien, et ainsi des autres ars et doctrines. Mès ceste yci enseigne estre bon homme, estre bon simplement. Quant est de Politiques, c'est la science par quoy l'en scet royaumes et cités et quelconques communités commencier, ordener et parfaire, et en bon estat maintenir et garder, et les reformer quant mestier est. Et avec ce elle vault et aide à faire composer et establir loys humaines justes et profitables, et à les entendre et interpreter ou gloser et aussi à les corriger ou muer et à savoir quant temps en est et pourquoy et comment. Et pour ce si comme il apperra après par Aristote ceste science appartient par especial et principalment aus princes et à leurs conseilliers. De quoy Virgile raconte comme chose revelée de par Dieu que Anchises après sa mort manda aus Romains que il sceussent ceste doctrine. Et le recite saint Augustin par grant auctorité. Et en sentence Virgile dit ainsi en la personne de Anchises : « Sachent les autres faire biaus

« ymages ; les autres, bien mener les causes ; les autres, « astrologie ; mès tu quiconques es ou seras prince ro- « main, remembre toy que tu doyes savoir les peuples « gouverner, espargner aus subjects et debeller les or- « guilleus. Ce sont tes ars, ce seront tes sciences. » Mès aucun pourroit dire que ceste science n'est pas si neces- saire; car ou temps passé pluseurs roys et princes ont esté tres bien gouvernés qui onques n'estudierent poli- tiques ne leurs conseilliers semblablement.

« Je respon ad ce et di premierement que communel- ment les grans et bonnes policies et seigneuries qui ou temps de jadis durerent longuement furent maintenues et gardées par gens qui avoient estudié livre de telle science, comme furent les Grecs et pluseurs autres des- quiex Aristote fait mention. Et aussi les Romains latins comme Tulles, Apuleus, Plutarcus et autres en compo- serent livres intitulez : De la chose publique. Après je di que il est bien possible que aucuns ont bien gouverné sans avoir veuz tielx livres parce que il avoient si tres bon sens naturel et si bonne prudence et si tres grant desir au bien publique que ceste science estoit en leur cuer naturelment entée, née et plantée. Et en propos presque semblable dit saint Pol que aucuns gens qui n'ont point de loy font naturelment les euvres de la loy. Mès je di oultre que tout aussi comme aucun chante bien ou fait ymages ou autres besoingues sans art et sans doctrine par son engin qui est à ce naturelment enclin, et nientmoins il n'est pas ainsi de chascun, et ces yci meisme profitassent plus assés en telles besoin- gnes, se avecques la bonne habilité de nature que il ont, il eussent la doctrine. Semblablement est il verité que savoir la science de politiques profitte moult aus sages qui ont à gouverner. Et en puet l'en bien dire ce mot de l'Escripture : *Audiens sapiens sapientior erit. Le sage sera plus sage de oyr ceste science.* Mesmement, consideré que illecques sont bailliées certaines regles, bons enseignements, belles hystoires, et les causes pourquoy pluseurs policies ont esté et pevent estre corrompues et gastées et celles parquoy il pevent estre sauvées et gardées.

« Et est possible que se ou temps passé aucuns princes et leurs conseilliers eussent appareceu et advisé aucunes choses qui y sont contenues et il les eussent mises à effect, comme il est vraysemblable, leurs dominations ou princeps en eussent plus duré et en meilleur estat. D'autre partie, l'estude de tels livres engendre ou embast ou acroist es cuers de ceulx qui y entendent affection et amour en bien publique qui est la meilleur qui puisse estre en prince et en ses conseilliers après l'amour de Dieu. Donques est telle estude grandement profittable. Mès pour ce que les livres morals de Aristote furent fais en grec et nous l'avons en latin moult fort à entendre, le roy a voulu pour le bien commun faire les translater en françois, affin que il et ses conseilliers et aultres les puissent miex entendre mesmement Ethiques et Politiques desquiels, comme dit est, le premier aprent estre bon homme et l'autre estre bon prince.

« Pourquoy il appert clerement que nostre bon roy Charles puet estre dit Charles grant en sagesce et que de tres saint mouvement et de tres noble corage il fait, selon l'aucteur Vegece qui dit en sa doctrine de fais d'armes que il n'est nul quiconques à qui il siece ou appartiengne plus à savoir meilleurs choses et pluseurs que il appartient au prince. »

Excusation et commendation de cest euvre.

« Prescian dit en un petit livre que il fist des mestres de Terence que de tous les langages du monde, latin est le plus habile pour miex exprimer et plus noblement son entention. Et nientmoins les livres d'Aristote et par especial Ethiques et Politiques ne pevent pas avoir esté proprement de grec en latin, si comme il appert par ce que encor y sont pluseurs mos grecs qui n'ont pas mos qui leur soient correspondens en latin. Et comme il soit ainsi que latin est à present plus parfait et plus habundant langage que françois, par plus forte raison l'en ne pourroit translater proprement tout latin en françois. Si comme entre innumerables exemples puet apparoir de ceste tres commune proposition : *Homo est animal*. Car *homo* signifie homme et femme, et nul mot de françoys ne signifie equivalent, et animal signifie toute chose qui a ame sensitive et sent quant l'en la touche, et il n'est nul mot en françoys qui ce signifie precisement. Et pour ce ceste proposition est vraye : *Mulier est homo*, et ceste est fauce : *Femme est homme*. Semblablement ceste proposition est vraye : *Homo est animal*, et ceste est fauce : *Homme est beste*. Et ainsi il est de pluseurs noms et verbes et mesmement de aucuns sincathegoresmes, si comme pluseurs propositions et autres, qui tres souvent sont es livres dessus dis que l'en ne puet bien translater en françois.

« D'autre partie, une science qui est forte, quant est de

soy, ne peut pas estre bailliée en termes legiers à entendre, mès y convient souvent user de termes ou de mos propres en la science qui ne sont pas communelment entendus ne cogneus de chascun, mesmement quant elle n'a autre fois esté tractée et exercée en tel langage, et telle est ceste science ou regart de françois. Parquoi je doy estre excusé en partie, se je ne parle en ceste matiere si proprement, si clerement et si adornéement, comme il fust mestier. Car avecques ce je n'ose pas eslongnier mon parler du texte de Aristote qui est en pluseurs liex obscur, affin que je ne passe hors son intention et que je ne faille. Mès se Dieu plaist par mon labeur pourra estre miex entendue ceste noble science et ou temps advenir estres bailliée par autres en françoys plus clerement et plus complectement. Et pour certain translater telz livres en françoys et baillier en françois les ars et les sciences est un labeur moult profitable. Car c'est un langage noble et commun à gens de graut engin et de bonne prudence. Et comme dit Tulles en son livre de Achademiques : *Les choses pesantes et de grant auctorité sont delectables et bien agreables aus gens ou langage de leur païs.* Et pour ce dit il ou livre dessus dit et en pluseurs autres contre l'opinion d'aucuns que c'estoit bien de translater les sciences de grec en latin et de les baillier et tracter en latin. Or il est ainsi que pour le temps de lors grec estoit en resgart de latin quant aus Romains, si comme est maintenant latin en resgart de françois quant à nous. Et estoient pour ce temps les estudiens introduis en grec et à Rome et ailleurs et les sciences communement bailliées en grec, et en ce païs le langage commun et maternel c'estoit latin. Donques puis je bien encore conclurre que la consideration et le propos de nostre bon roy Charles est à recommander qui fait les bons livres et excellens translater en françois. »

Liber Ethicorum.

« Omnis ars et omnis doctrina, similiter autem et « actus et electio, bonum quoddam appetere videtur. « Ideo bene enuntiaverunt bonum, quod omnia appe- « tunt. Differentia vero quædam videtur esse finium. Hi « quidem enim sunt operationes; hi vero, præter has, « opera quædam. Quorum autem sunt fines quidam « præter operationes, in his meliora existunt operatio- « nibus opera. Multis autem operationibus existentibus « et artibus et doctrinis, multi sunt et fines. Medicinalis « quidem enim sanitas : navifactivæ vero navigatio : « militaris vero victoria ; yconomicæ vero, divitiæ. Quæ- « cumque autem sunt talium sub una quadam virtute, « quemadmodum sub equestri frenifactivæ et quæcun- « que aliæ equestrium instrumentorum sunt. Hæc au- « tem et omnis bellica operatio sub militari. Secundum « eumdem itaque modum, aliæ sub alteris. In omnibus « itaque architectonicarum fines sunt desiderabiliores « his, quæ sunt sub ipsis ; horum enim gratia et illas « prosequuntur. Differt autem nihil operationes ipsas « esse fines actuum, aut præter has aliud quoddam, « quemadmodum in dictis doctrinis. Si utique est ali- « quis finis operabilium quem propter se ipsum volu- « mus, alia vero propter illum, et non omnia propter « alterum desideramus (procederetur in infinitum, sic-

« que esset vanum et inane desiderium), manifestum « quoniam hic utique erit bonus et optimus. Igitur et « ad vitam cognitio ejus magnum habet incrementum ; « et quemadmodum sagittatores signum habentes, ma- « gis utique adipiscemur quod oportet. Si autem sic, « tentandum est figuraliter accipere illud, quid quidem « est, et cujus disciplinarum aut virtutum. Videbitur « autem utique principalissime et maxime architecto- « nicæ esse. Talis utique et civilis apparet. Quas enim « esse debitum est disciplinarum et civitatibus, et « quales unumquemque addiscere, et usquequo hæc « præordinat. Videmus autem et pretiotissimas virtu- « tum, sub hac existentes, ut puta, militarem, yceno- « micam, rhetoricam. Utente vero hac reliquis practicis « disciplinis, amplius autem legem proponente, quid « oportet operari et a quibus abstinere, hic finis com- « plectitur utique eos qui aliarum. Quapropter hic uti- « que erit humanum bonum. Si enim et idem est bo- « num uni et civitati, majusque et perfectius, quod « civitati videtur, et suscipere et salvare. Amabile qui- « dem et uni soli ; melius vero et divinius, genti et civi- « tatibus. Methodus quidem igitur hæc appetit, civilis « quædam existens. »

Commencement de la traduction des *Éthiques*.

« Tout art et toute science[1] et semblablement tout fait ou operation et election appetent et desirent[2] aucun

1. « Il entend par art science pratique et par doctrine science speculative. »

2. « Par desir naturel, comme leur fin et leur perfection. Et aucune foiz desire un homme mal, mais il est pour ce que il a aucune apparence de bien. »

bien. Pour ce parloient bien les anciens en disant ainsi : *Bien est ce que toutes choses desirent.* Et semble que il est difference de fins. Car les unes fins sont les operations, les autres sont aucunes euvres ou choses faites hors les operations ou façons[1], et ces euvres[2] sont meilleurs que les operations par quoy ils sont faites. Et comme il soit moult de operations et d'ars et de doctrines, pour ce est il moult de fins : si comme de medecine la fin est santé, de faire navie la fin est aler par eaue et en nageant, de chevalerie la fin est victoire, et richesces sont la fin de yconomie[3]. Et de tels ars et doctrines aucunes sont dessous une autre ; si comme art de faire frains est soubz art de chevauchier, et aussi sont toutes les autres ars de faire instrumens ou hernoys pour chevaux. Et cest art de chevauchier et tout autre qui a mestier pour guerre est souz art ou office de chevalerie. Et selon ceste maniere sont les ars et doctrines et offices ordenées, les unes pour servir les autres. Et en toutes telles choses les fins des ars ou doctrines qui ont principalité sur les autres sont meilleurs et plus desirables à tous que les fins de celles qui sont dessous elles. Car celles qui servent et sont soubz les autres poursuivent et quierent leurs fins pour la fin de leur souveraine ou principal[4]. Et quant à ce il n'y a force de la difference de

1. « Comme chanter ou dancier. »

2. « Comme une maison ou un vaissel. »

3. « Yconomie est art de gouverner un hostel et les appartenances pour acquerir richesces, et ceste fin est pour autre fin, c'est assavoir pour bien user d'icelles. »

4. « Si comme l'armurier tent afin que le chevalier soit bien armé, et le chevalier le veult, afin que il se combate, et se combat, afin d'avoir victoire. »

fins qui est devant dicte, comme les unes fins sont operations et les autres sont choses faites[1] : si comme il appert aus doctrines devant dittes[2]. Et se il est une fin de toutes euvres humaines laquelle fin nous voulons et desirons pour soy meismes et toutes autres pour elle et non pas chascune fin pour autre fin, car ainsi seroit ce procès infini, et seroit tel desir vuit et vain et pour nient. Et puisque il est ainsi, il appert clerement que ceste fin est bonne et tres bonne[3]. Donques la cognoissance de ceste fin donne grant aide et grant accroissement de bien à vie humaine, car par la cognoistre la povons nous miex acquerir et tout ce qui nous convient. Et pour ce que ainsi est, il nous convient essaier vraysemblablement et grossement à comprendre ceste chose et à savoir que ce est[4] et à quel discipline ou à quelle vertu il appartient à la cognoistre[5]. Et semble par raison que il appartiegne à la tres principal, mesmement à celle qui a principalité et ordene des autres, et

1. « Car tousjours est meilleur la fin qui ensuit l'autre : si comme un instrument de musique, qui est chose faite, vault miex que la façon ou operation, et le biau son pour quoy il est fait est plus digne que n'est tel instrument. »

2. « C'est assavoir que les fins de celles qui sont par dessus les autres sont tousjours les meilleurs. »

3. « Il appert par exemple, car l'en fait armeures pour armer, l'en se arme pour combatre, l'en se combat pour avoir victoire, l'en quiert victoire pour pais avoir, l'en quiert pais pour bien humain. Semblablement le charpentier fait la maison pour habiter et pour gaagnier et finalement pour bien avoir. Et ainsi des autres. Et briefment tous tendent par raison au plus grant bien que on puisse avoir et c'est la derreniere et souveraine fin, excepté paradis et la grace par quoy on le dessert, de quoy la consideration passe et est oultre ceste science. »

4. « Ce sera par especial ou premier et au Xe de Ethiques. »

5. « Ce dira il tantost aprés, et entent par discipline science speculative et par vertu science pratique. »

telle appert estre la science civile[1]. Premierement, car elle ordene devant toutes quelles disciplines et ars doivent estre es citez et de chascune quelles gens la doivent aprendre et à quel souffisance, et combien de temps, et quant, et comment[2]. Item, les tres precieuses des bons ars ou doctrines sont souz ceste, si comme chevalerie, yconomique et rethorique[3]. Item, ceste science civile use des autres disciplines pratiques, et que plus est, elle propose et met regle et loy de ce que l'en doit faire et de ce quoy l'en se doit abstenir, et ainsi elle comprent et contient les fins de tous autres ars et doctrines, pour quoy il s'ensuit que elle contient le bien humain et enseigne quel chose ce est. Item, se une chose est bonne à un citoien, laquelle est bonne à toute la cité, et aussi se ce qui est bon à toute la cité est bon à un citoien, donques est ce moult plus grant chose et plus parfaitte procurer et saulver ce qui est bon pour toute la cité; car se le bien d'un seul est chose qui fait à amer, il est certain que c'est meilleur chose et plus divine[4] amer et procurer le bien de toute une cité, et encore plus le bien de tout un païs. Or est ainsi que l'art et doctrine civile desire, appele et intent telle fin, c'est assavoir le bien

1. « C'est Ethiques et Politiques qui sont continuez ensemble et font une doctrine appellée civile. »

2. « Les gouverneurs des citez par le sens de quoy tracte ceste science dencent aucuns ars, les autres seuffrent, commandent et en ordenent quant à la maniere ou de la forme ou du pris et des autres appartenances si comme des robes, du pain et des autres choses. »

3. « Chevalerie est la doctrine des guerres; yconomique, de gouverner un hostel; et rethorique appartient aus advocas. »

4. « Plus semblable à la proprieté de Dieu, qui est cause general et universel de toutes choses. »

de vie humaine, par quoy il appert que la considera-tion et la cognoissance de telle fin appartient à ceste science civile. »

Prologue de la traduction des *Politiques*.

« A tres souverain et tres excellent prince, Charles, quint de ce nom, par la grace de Dieu roy de France, Nicole Oresme, doyen de vostre eglise de Rouen, votre humble chapellain, honeur, obedience et subjection.

« Tres redoublé Seigneur, selon ce que dit la Saincte Escripture : « *Cor regis in manu Domini, quocumque voluerit, inclinabit illud.* Le cuer du roy est en la main de Nostre Seigneur, il l'enclinera là où il voudra. » Et donques benoit soit Dieu, car il a le vostre noble cuer encliné à faire mettre en langage françois la science de Politiques, de laquele a dict Hue de Saint Victor : *Politica est que reipublice curam sustinens cunctorum saluti sue prudentie sollertia justitieque libra et fortitudinis stabilitate ac temperantie paciencia medetur, ut ipsa dicat de semet, per me reges regnant et legum conditores justa decernunt.* « Politique est celle qui soustient « la cure de la chose publique, et qui par l'industrie de « sa prudence et par la balance ou pois de sa justice « et par la constance et fermeté de sa fortitude et la pa-« cience de son attrempance donne medecine au salut de « touz, en tant que elle puet dire de soy meismes, par « moy les roys regnent et ceulz qui font les loiz discer-« nent et determinent par moy quelles choses sont « justes. » Et aussi comme par la science et art de mede-cine les corps sont mis et gardez en santé, selon la pos-sibilité de nature, semblablement par la prudence et industrie qui est expliquée et descripte en ceste doctrine, les policies ont esté instituées, gardées et reformées, et les royaumes et princeys maintenuz, tout comme estoit possible; car les choses humaines ne sont pas perpetueles, et de ceulz qui ne pevent estre telz ou qui ne sont telz, l'en scet par elle comment on les doit gouverner par autres policies au miex qu'il est possible, selon la nature des regions et des peuples et selon leurs meurs. Et donques de toutes les sciences mondaines, c'est la tres principal et la plus digne et la plus profitable. Et est proprement appartenant aus princes. Et pour ce elle est dite architectonique, c'est à dire princesse sur toutes. Et se aucuns ont bien gouverné sans ce qu'il eussent livres de politiques, nientmoins il convenoit qu'il eussent escrips en leur cuer les principes, commandemens ou regles de ceste science. Mais aussi comme en art de medecine et en autres, semblablement en art de gouverner princeys, doctrine ordenée et escripte fait grant aide et sont par ce les princes faiz plus sages, et puet on dire de elle : *Audiens sapiens sapiencior erit. Le sage qui l'orra, sera par ce fait plus sage.* Et pour ce pluseurs Grecs et Latins ont composées escriptures apelées livres de Policies ou de la Chose publique. Entre lesquelz Aristote est le plus renommé, lequel, selon ce que dit Eustrace, escripst et traita des sciences politiques et des speculatives et sembla que ne fist ou composa onques œuvre à meilleur diligence que cest livre. Et puet assez apparoir tant par le procès et par les tiltres des chapitres et par la table des notables qui sont après, tant comme par un petit livre de la vie de Aristote[1], ouquel est dit comment, quant le grant roy Alixandre, qui se gouvernoit par le conseil de lui ala en sa jœunesce en Perse, Aristote en alant avec lui composa une hystoire de ij^c. et l. policies; item, comment il escripst après au roy Alexandre un livre apelé *liber de Regno*[2], ouquel il li enseignoit comment il devoit regner, et que par ce le roy fu moult animé à bien faire en tant que le jour qu'il n'avoit bien fait à aucun, il disoit: *Je n'ay pas hui regné.* Item, illecques est dit comment après ce que Aristote ot fait pluseurs livres, il escripst derrenierement hystoire des Policies, c'est assavoir ce livre[3], ouquel sont mises et recitées pluseurs policies de citez et de philosophes, meismement ou secont livre, ouquel il commence à determiner de communication politique. Or avons donques que ce livre est de la meilleur science mondaine qui puisse estre et fut fait par le plus sage philosophe qui onques fust, dont il soit memoire, et à grant diligence et en son parfait eage et comme la principal et final de ses œuvres. Et pour ce par l'espace de mil et vj^c. ans et plus en toutes loys et sectes et partout le monde a esté plus accepté et en plus grant auctorité que quelconques autre escripture de policies mondaines et aussi comme un livre de loys presque natureles, universeles et perpetueles, et ce par quoy toutes autres loys particulieres, localz ou temporeles sont ordenées, instituées, moderées, interpretées, corrigées ou muées et sur ce fondées. Et pour ce, tres

1. *Aristotelis vita ex vetere translatione*, p. 56, éd. Théoph. Buhle.
2. *Ibid.*, ouvrage aujourd'hui perdu.
3. Non, mais le recueil de constitutions dont il est question ci-dessus, ouvrage dont il ne reste que des fragments.

excellent Prince, que aussi comme dit Tulles, en son livre de Achademiques : « *Les choses pesant et de grant auctorité sont delectables et aggreables aus gens ou langage de leur païs,* » ay je ce livre qui fu fait en grec et après translaté en latin, de vostre commandement de latin translaté en françois, exposé diligemment et mis oscurté en clarté souz vostre correction, au bien de touz et à l'onneur de Dieu. »

Libri Politicorum.

« Quoniam omnem civitatem videmus communita- « tem quamdam existentem, et omnem communitatem « boni alicujus institutam. Ejus enim quod videtur boni « gratia, omnia operantur omnes. Manifestum quod « omnis bonum aliquod conjecturat. Maxime autem « principalissimum omnium, omnium maxime princi- « palis, et omnes alias circumplectens. Hæc autem est « quæ vocatur civitas, et communicatio politica. Qui- « cunque igitur existimant, politicum, et regale, et « œconomicum, et despoticum idem, non bene dicunt. « Multitudine enim et paucitate putant differre, sed « non specie ; horum unumquodque puta, si quidem « paucorum, patrem familias, si autem plurium, œco- « nomum, si autem adhuc plurium, politicum aut re- « gale, tanquam nihil differentem magnam domum et « parvam civitatem. Et politicum et regale, quando « quidem ipse præest, regale; quando autem sermones « disciplinæ talis secundum partem principans et sub- « jectus, politicum. Hæc autem non sunt vera. Manifes- « tum autem erit, quod dicitur intendentibus secundum « subjectam methodum. Sicut enim in aliis compositum

« usque ad incomposita necesse dividere, hæ enim mi-
« nimæ partes totius, sic et civitatem ex quibus compo-
« nitur. Considerantes videbimus et de iis, quibus
« quidem differunt ab invicem, et si quid artificiale
« contingit accipere circa unumquodque dictorum. »

Commencement de la traduction des *Politiques*.

« Nous voyons que toute cité est une communité. Et toute communité est instituée et establie et ordenée pour la grace et à la fin d'aucun bien. Car toutes gens font les choses que il œuvrent pour aucune chose laquele leur semble estre bien[1]. Et pour ce est il manifeste que touz en faisant communité conjecturent et entendent et regardent à aucun bien. Et donques la communité qui est meismement principal par dessus toutes et qui comprent et contient toutes les autres, elle conjecture et prent pour fin le plus tres principalement bien de tous. Et ceste communité c'est celle qui est apelée cité et communication politique[2]. Et quelconques gens cuident que princey ou gouvernement politique et royal et princey ou gouvernement yconomique et despotique soient un meismes gouvernement, il ne dient pas bien[3].

1. « Combien que ce soit bien selon verité ou bien tant seulement selon apparance. »

2. « Et donques aussi comme elle contient toutes les autres communitez qui sont parties de elle et sous elle, si comme il fu dit ou xij^e chapitre de l'viij^e de Ethiques, semblablement le bien et la fin pour quoy et à quoy elle est ordenée contient les fins des autres, et par consequent il est plus principal et plus divin ; quar si comme il fu dit, ou premier chapitre d'Ethiques : Tant est un bien plus commun, de tant est il plus divin et plus amable. »

3. « Princey politique et royal sont sur une grant multitude ou communité et different, quar princey royal est souverain et princey politique est sous princey royal sur une cité ou païs et est selon les

Car il cuident que les gouvernemens dessus diz different en ce tant seulement que l'un est de plus grant multitude que l'autre et qu'il ne different pas en espece et en manere de gouverner. Mais il dient que se un peu de gens sont en j. hostel, c'est gouvernement paternel, et se il sont en plus grant nombre en j. hostel, c'est gouvernement yconomique. Mais se il sont encore greigneur nombre et en pluseurs hostelz ou maisons, c'est gouvernement politique et royal. Car quant un homme a la souveraine presidence, ce est princey royal, mais quant il gouverne selon les paroles de la discipline, c'est à dire selon les loys de la cité, et il est en partie tenant princey et en partie subject sous le roy, adonc c'est princey politique[1]. Mais ces choses ne sont pas vrayes, et ce que nous disons sera fait manifeste selon la voie et art que nous dirons maintenant. Car aussi comme il est en autre chose, quiconque veult avoir cognoissance de aucune chose composte ou composée, il convient divisément considerer les parties de tele chose et ainsi proceder jusques aus parties qui ne sont pas compostes, car elles sont les tres petites et minimes parties du tout ainsi compost[2]. Et en ceste maniere se nous conside-

coustumes et les loys du pays. Mais princey qui est en un hostel vers femmes et enfans, c'est princey paternel, et le princey que il a vers ses servans est dit despotique, et tout ensemble, c'est assavoir le princey et gouvernement que le pere ou son lieutenant a vers femme et enfans et servans, est dit yconomique. Après il especifie leur entencion. »

1. « Et pour ce vouloient dire que telz princeys ne different pas en especes, comme different un cheval et un asne, ou couleur verte ou blanche ; mais qu'il different seulement en quantité, comme un grand cheval et un petit. »

2. « Et il est dit ou premier de phisique que adonc cognoissons nous une chose, quant nous savons de queles et de quantes parties elle est. »

rons de queles choses une cité est composée ou composte, nouz verrons miex des gouvernemens dessus diz quels il sont et comment il different ensemble. Et verrons aussi se nouz porrons prendre et dire aucune chose artificieusement et proprement des gouvernemens dessus diz. »

Publiée en même temps que la traduction des Politiques, la traduction des Économiques n'a point de prologue.

Libri Yconomicorum.

« Yconomica et politica differunt non solum tantum, « quantum domus et civitas : hæc autem subjecta sunt « eis; verum et quod politica quidem ex multis principi« bus est, yconomica vero monarchia. Artium quidem « aliquæ sunt et distinctæ, et non est ejusdem facere et « uti eo quod factum est, puta lyra et fistula. Politicæ « vero est et civitatem ab initio construere et existente « uti bene; patet et quod yconomiæ sit et domum ac« quirere et uti ea. Civitas igitur est domorum pluralitas « et possessionum abundans ad bene vivendum. Palam « est enim quod quando nequeunt hæc habere, dissol« vitur et communicatio. »

Commencement de la traduction des *Économiques.*

« Yconomique et politique ne different pas tant seulement comme different maison et cité lesqueles choses sont les subjectes ou les materes de ceste science, mais avec ce elles different en ce que politique est de plusieurs princés et yconomique est monarchie. Or est ainsi que des ars aucunes sont distinctes tellement que un meisme art ne fait pas la chose et use de la chose faite, si comme sont la harpe et le flaiol. Mais à politique appartient constituer et faire la cité dès le commencement et user bien de elle, après ce qu'elle est faite. Et appert aussi de yconomique que ce est art par quoy l'en puet acquerir et instituer maison et user de elle. Et donques cité est pluralité de maisons et de heritages et de possessions en habondance de bien vivre. Car il est certain que quant les gens ne pevent avoir ceste chose, la communité est dissolute et deffaite. »

Prologue de la traduction du traité *du Ciel et du Monde.*

« Au nom de Dieu, ci commence le livre d'Aristote appelé du Ciel et du Monde, lequel du commandement de tres souverain et tres excellent prince, Charles, quint de cest nom, par la grace de Dieu roy de France, desirant et amant toutes noblez sciences, je Nichole Oresme, doyen de l'eglise de Rouen, propose translater et exposer en françois. Et est cest livre ainsi intitulé, car il tracte du ciel et dez elemens du monde, en prenant cest nom monde pour les iiij. elemens contenuz dedens le ciel et soubz le ciel; car autrement et communelement en cest livre cest nom est prins pour toute la masse du ciel et des iiij. elemens ensemble, et est cest mos prins ailleurs en pluseurs autres significacions qui ne sont pas propres à cest propos. Et en cest livre sunt quatre livres parcialz. »

Libri de Cœlo et Mundo.

« De natura scientia fere plurima videtur circa corpora « et magnitudines, et horum existentes passiones et mo- « tus, adhuc autem, circa principia quæcunque talis

« substantiæ sunt. Natura enim constantium hæc quidem « sunt corpora et magnitudines, hæc autem habent cor- « pus et magnitudinem, etc. »

Commencement de la traduction du traité *du Ciel et du Monde.*

« La science naturele presque toute est de corps et des magnitudes, qui sunt, et de leur passion ou qualités, et de leur mouvemens, et encore de quelcunques principes ou cause de tèlle substance. Car des choses natureles les unes sunt corps et magnitudes[1], et les autres ont corps et magnitude[2], etc. »

On lit dans le milieu de cette traduction : « Et ainsi à le honeur de Dieu et par sa grace je ay acompli le premier et le ij^e livres *de Celo et Mondo*, pour lesquelz miex entendre est expedient le traittié *de l'Espere* en françois, dont je ay faitte mencion. »

Après le dernier chapitre du IVe et dernier livre sont trois chapitres propres au translateur, où il traite « des choses incorporeles » et « en especial du corps Jhu-Crist. »

L'ouvrage se termine par ces mots :

« Et ainsi à l'aide de Dieu, je ay acompli le livre du Ciel et du Monde, à commandement de tres excellent prince, Charle, quint de cest nom, par la grace de Dieu roy de France, lequel en ce faisant m'a fait evesque de Liseux. Et pour animer, exciter et esmouvoir les cuers des jœunes hommes qui ont subtilz et

1. « Si comme sunt les pierres et teles qui sunt sans ame. »
2. « Comme celles qui ont ame, car une beste a corps et aussi elle peut estre dite corps. »

noblez engins et desir de science, afin que il estudient à dire encontre et à moy reprendre, pour amour et affection de verité, je ose dire et me faiz fort que il n'est homme mortel qui onques veist plus bel ne meilleur livre de philosophie naturele que est cestui ne en ebreu, ne en grec, ne en latin, ne en françoiz. »

Au point de vue littéraire, il y a deux choses à considérer dans le travail d'Oresme sur une partie des œuvres d'Aristote : la traduction et le commentaire.

Traducteur, Oresme devait se préoccuper du sens et de l'expression ; commentateur, du costume, des usages, des mœurs.

Il lui était souvent assez malaisé de trouver le sens, plus difficile encore de rencontrer l'expression, et presque toujours impossible de reproduire le costume, d'expliquer les usages et de peindre les mœurs. Le sens? il ignorait le grec ; l'expression? il écrivait en français ; le costume, les usages, les mœurs? on ne connaissait guère l'ancienne Grèce au xive siècle de l'ère chrétienne.

Ignorant le grec, il ne pouvait que reproduire le sens donné par les traductions latines qu'il avait à sa disposition. Il l'a reproduit sans doute avec une rare exactitude et une fidélité digne d'éloge; mais qu'importe, s'il n'avait sous les yeux que des traductions défectueuses? Comme interprète, il était trop souvent réduit à deviner pour pouvoir complétement réussir.

Écrivant en français, il se servait d'une langue qui n'était pas encore formée, qui ne possédait que fort peu de termes scientifiques et philosophiques, et qui n'avait pour ainsi dire pas de grammaire. Expressions et tournures, il avait presque tout à créer. La tâche était difficile, mais les difficultés n'étaient pas insurmontables. Comme écrivain, il a laissé de bonnes pages.

Expliquant enfin vers les derniers temps du moyen âge des livres qui étaient le résumé de la science et de la sagesse de l'antiquité, il n'avait pour s'aider dans une œuvre aussi difficile que des commentaires grecs qui ne lui apprenaient rien de ce qu'il ignorait, parce que ce qu'il ignorait était précisément ce que n'ignoraient guère ceux pour qui ils avaient été faits, ou des commentaires du moyen âge, qui ne sachant rien de ce qu'il ignorait, ne pouvaient le lui apprendre. Comme commentateur, il devait donc échouer souvent, et en effet il a souvent échoué.

Ainsi, traducteur fidèle du texte latin, il ne donne pas toujours le sens du texte grec; écrivain sans prétention, il a un style sain, ferme, vigoureux; commentateur par circonstance, il pèche contre le costume, ignore les usages et travestit les mœurs. Aussi son travail sur Aristote, quoique très-remarquable, si l'on considère seulement le temps où il a été composé, ne peut-il plus intéresser aujourd'hui que comme monument authentique de l'ignorance du XIVe siècle. Mais quelque curieux qu'il soit à cet égard, qu'apprend-il que l'on ne sache déjà?

Il serait sans doute superflu d'indiquer les contre-sens qu'Oresme a faits en traduisant Aristote, mais il ne le sera peut-être pas de montrer comment en l'expliquant il l'a parfois habillé à la mode du XIVe siècle, et parfois complétement défiguré. On trouve chez lui trop de phrases du genre de celles-ci :

« .... Aristote allegue souvent les theologiens payens dont les Escriptures estoient reputées divines. »

« Es citez où estoient archiflamines, ilz mistrent arcevesques, et es autres citez en lieu de flamines, ilz mistrent evesques. »

« *Interdictum est illi aqua et igne*. Estoit ce que nous disons excommunication. »

« *Comedies* estoient uns gieux que l'en faisoit en publique, et se desguisoient les gens, et prenoient faulz visages, et recitoient personnages de choses villaines et deshonestes, et faisoient rechignemens et laides contenances, si comme l'en seult faire es chalivaliz[1]. »

« *Comedies*. Ce sont ditticz ou chançons de choses deshonestes que les desattrempes escoutent volentiers. »

« *Tragedies*,... sont ditiez comme romans qui parlent et tractent d'aucuns grans faiz notables. »

« Tel excès de cointise est laide chose et deshoneste, aussi comme sont les paroles de *tragedies*,... tele chose donne occasion de parler en mal aussi comme l'en parle es *tragedies*. Ce sont dictiez et rimes de choses villaines et deshonestes. Et est dit de *tragos*, en grec, qui est bouc, une beste puante, quar en signe des ordes paroles et diffamées, que l'en disoit en teles rimes, l'en donnoit un bouc. »

Le style est donc ce qui peut seul nous intéresser dans le travail d'Oresme sur Aristote. Il est la partie qui en a

1. Mieux vaudrait : ès mystères.

été le plus utile autrefois, et celle dont il reste le plus aujourd'hui. Maintenant on entend, on commente autrement Aristote; mais pour traduire ce qu'Oresme en a traduit, on emploie encore un grand nombre des mots et même des tours dont il s'est le premier servi en français. A quoi cela tient-il? aux qualités et aux défauts de son style.

Il avait pendant treize ans de suite presque toujours parlé latin; et lorsqu'après un si constant usage de la langue latine et un si long oubli de la langue française, il s'est mis à écrire en français, il ne l'a fait encore que d'après des livres latins. Il en est résulté que s'étant beaucoup servi du latin et ayant fort peu usé du français dans ses jeunes et fortes années, il restait encore trop soumis à l'influence de la langue latine, grâce aux textes sur lesquels il travaillait, lors même qu'il commença à employer la langue française, pour que sa pensée ne gardât pas un tour et son style un cachet éminemment latins dans les écrits qu'il a rédigés en français dans son âge mûr. Aussi le latinisme en est-il le premier et le plus frappant caractère.

Après les invasions des barbares dans la Gaule romaine et pendant les siècles d'ignorance qui les suivirent, la langue latine fut soumise à un double travail de décomposition qui en modifia singulièrement le dictionnaire et la grammaire. Presque tous les termes qui appartenaient au vocabulaire des sciences ou de la philosophie, et surtout les termes abstraits, cessèrent d'être employés : on ne les altéra point, on les oublia. Il n'en pouvait être de même de la plupart de ceux qui appartenaient au vocabulaire usuel : ils ne furent pas oubliés, ils furent altérés. Les premiers moururent, les seconds changèrent de forme. La grammaire ne devait pas être plus respectée : toute une partie de la syntaxe, et la plus savante, tomba en désuétude, et celle qui survécut subit de graves modifications. Les prépositions remplacèrent les cas, les régimes varièrent. Il n'y eut rien de fixe ni de certain dans la nouvelle langue, fille du latin. Aux règles avait succédé l'arbitraire. De là un idiome trop pauvre en termes scientifiques ou philosophiques, trop riche en constructions diverses et contradictoires.

Embarrassé tantôt par le manque d'expressions, tantôt par la multiplicité des tournures, Oresme s'est tiré d'affaire de la manière la plus simple et la plus naïve. Il a fait ce que quelques auteurs avaient déjà fait en partie avant lui, et ce qu'un certain nombre devaient encore faire après lui. Partout où le mot latin scientifique ou philosophique qu'il avait à traduire, s'étant perdu du ve au xive siècle, n'existait point sous la forme française, il n'a pas craint, renouant ainsi la chaîne brisée par l'ignorance, de le reprendre, de le revêtir d'une désinence française et de l'introduire dans son texte. Mais aussi partout où, la vieille syntaxe latine luttant avec la jeune syntaxe française, deux constructions s'offraient à lui comme également possibles, il n'a pas su, partagé entre elles, sacrifier l'ancienne à la nouvelle ou la nouvelle à l'ancienne, il les a données l'une et l'autre. Ainsi, s'agit-il de créer des termes? il n'hésite jamais; de choisir entre deux tournures? il n'ose. Néologismes et doubles emplois, voilà en second lieu ce que l'on remarque dans son style.

Mais chez lui les néologismes et les doubles emplois sont presque toujours légitimes ou du moins excusables, parce que le plus souvent les premiers sont justifiés par la nécessité, et les seconds autorisés par l'absence de règle : ce qui le prouve, c'est que la plus grande partie des mots qu'il a créés sont restés, et que des doubles tournures qu'il a admises tantôt c'est la latine, tantôt c'est la française qui a prévalu.

Sans doute l'abondance des mots nouveaux et la fréquence des doubles tournures devaient dans les traductions d'Oresme dépayser parfois et souvent fatiguer ceux des lecteurs du XIVe siècle qui ne savaient pas le latin ou que les rédacteurs de chroniques avaient accoutumés à un langage plus facile et moins élevé, plus pittoresque et moins abstrait. Mais l'avance qu'Oresme, en écrivant comme il a écrit, a prise sur son siècle, fait qu'il paraît aux lecteurs d'aujourd'hui moins ancien que ses contemporains. Chez lui point de mots ou presque point de mots dont la racine soit étrangère à la langue latine. Sa phrase, jetée dans le moule latin, a toujours un commencement et une fin; libre et dégagée d'entraves, elle n'admet jamais ni conjonctions ni adverbes parasites. De là des pages telles que celles qui ont été précédemment transcrites; de là mille phrases comme celles-ci :

« Tous les sages ont tenu que les adversitez et les prosperitez aviennent pour les demerites ou merites des hommes. »

« Il est certain que chascun se peut courcier, et chascun peut donner et despendre argent; mais combien, et à qui, et quant, et pourquoy, et comment? chascun ne le scet pas. »

« Dire qu'ilz soient touz introduiz en une discipline, c'est une generalité qui ne profite en rien. »

« En logique, sophisme appert estre bon argument, mais il y a deffaute; semblablement en policie, une ordenance qui appert bonne, de prime face, et elle est prejudiciable à la communité, c'est un sophisme politique. »

Voilà une fermeté, une rapidité et une concision de style que l'on chercherait en vain chez la plupart des contemporains d'Oresme; voilà ce qui n'est pas chez Froissart; voilà ce que l'on croirait écrit d'hier. Tel est en effet le dernier caractère du style d'Oresme : il a moins vieilli que celui des autres écrivains de son temps.

En un mot, plus latin que français, par rapport au langage du XIVe siècle, le style d'Oresme est plus français que le langage du XIVe siècle, par rapport au nôtre.

Au point de vue moral, le texte et les gloses des traductions d'Aristote par Oresme montrent bien l'influence des idées du moyen âge sur la manière d'entendre Aristote au XIVe siècle et l'influence des idées d'Aristote, tel qu'on l'entendait alors, sur les écrivains du moyen âge.

Selon les *Ethiques*, la vertu consiste toujours à garder en toutes choses un juste milieu, à savoir se tenir entre deux excès contraires, entre le trop et le trop peu, et pour être vertueux l'homme n'a qu'à vouloir l'être. Dans le catholicisme, la vertu ne réside pas *au moyen*, elle consiste souvent au contraire dans un des excès condamnés par Aristote, et il ne suffit pas à l'homme pour être vertueux de vouloir l'être, il faut encore que la grâce divine l'aide à le devenir. D'où il résulte que ce qui s'appelle vertu dans les *Éthiques* n'est pas toujours une vertu dans le catholicisme, et que ce qui est réputé un vice par Aristote s'appelle souvent une vertu dans l'Église catholique. Prévenu, comme il l'était avec tout son siècle, en faveur d'Aristote, Oresme n'a pas senti ou du moins n'a pas indiqué la contradiction radicale qui existe entre la morale tout humaine des *Éthiques* et la morale toute divine de l'Évangile.

D'après les *Politiques*, la monarchie est la meilleure forme de gouvernement, l'oligarchie et la démocratie sont des formes moins parfaites, et d'après les *Économiques* le père de famille est un maître, la femme une servante, et les esclaves presque des brutes. Il y avait bien dans la France du XIVe siècle un roi suzerain, des grands vassaux, des vassaux inférieurs et des serfs, mais la société féodale n'en était pas moins alors fort éloignée de ressembler aux sociétés grecques telles qu'elles étaient avant J. C. La prééminence accordée par Aristote à la royauté a fait illusion à Oresme comme à tout le moyen âge. Parce qu'on avait alors un roi, on ne se croyait pas soumis à un gouvernement oligarchique. Oresme n'a jamais appliqué à la féodalité ce qu'Aristote dit de l'oligarchie. Il s'est borné à condamner dans ses *Gloses*, Artevelt et les Jacques, au nom de la condamnation portée par le philosophe contre la démagogie [1]. D'un autre côté, la légitimité de l'esclavage admise par celui-ci et la similitude des mots *servus* et *serf* contribuant encore à lui faire illusion, il a admis sans discussion tous les principes d'économie sociale énoncés par Aristote. L'Ancien Testament contient plus d'un texte sévère à l'égard des femmes et des esclaves; Oresme en a cité un certain nombre à l'appui des doctrines d'Aristôte. On aimerait mieux qu'il eût commenté cet auteur à l'aide du Nouveau Testament : il eût demandé plus d'indulgence et se fût montré plus charitable.

Aristote enfin a enseigné dans son traité *du Ciel et du Monde* l'éternité de la matière et d'autres dogmes difficiles à concilier avec les doctrines de l'Église. Oresme, bien qu'il en ait contredit quelques-uns, est loin cependant d'avoir essayé de réfuter son auteur.

Sans doute, il n'a pas poussé le fanatisme pour Aristote au point où le portaient quelques docteurs de la fin du XIIIe et du commencement du XIVe siècle. Il n'a jamais

1. Il cherche bien quelque part dans sa traduction des *Politiques* : « Se selon ceste science aucunes choses seroient à reformer en ceste policie de l'Église, en supposant toujours, comme devant est dit, qu'elle n'est pas subjette à ceste science, » et il se répond à lui-même : « Et donques souz toute bonne correction, il me semble que le philosophe diroit que cette policie est à reformer principalement en iij choses... la quantité et inequalité des honneurs et des possessions qui n'est pas assez bien proportionnée... meurs des personnes... ordener et mettre bonnes lois et canons. » Mais que valent de telles paroles, quand on a commencé par dire que l'Église ne peut être soumise aux théories de la politique?

dit : Ceci est condamné par la Bible, mais permis par le philosophe, ou : Ceci est permis par la Bible, mais condamné par le philosophe. Cependant quelque orthodoxe qu'il soit et veuille être, il paraît encore trop infatué d'Aristote.

Quoi qu'il en soit, comme on lisait depuis longtemps Aristote en latin au XIVe siècle, et comme on avait établi le plus grand accord possible entre ses doctrines et l'état de choses au milieu duquel on vivait, les traductions d'Oresme n'ont pu être ni une initiation pour ceux qui entendant le latin avaient déjà lu Aristote, ni une révélation pour ceux qui ne l'entendant pas ne l'avaient pas encore lu. Ce qu'il y a de libéral et d'élevé, comme ce qu'il y a de dur et d'étroit dans les ouvrages de ce philosophe, est presque toujours resté au moyen âge à l'état de théorie : la spéculation n'y était point suivie de pratique.

III.

Ouvrages rédigés en latin dont le texte ne se trouve plus et dont l'authenticité peut être aussi bien affirmée que niée.

1° Traité *de Instantibus.*

Cité par Launoy comme étant dans la bibliothèque du collége de Navarre et dans celle des Grands-Augustins à Paris.

Il est probable que ce traité, s'il n'est pas sous un titre différent quelqu'un des trois premiers écrits d'Oresme contre l'astrologie, était encore un ouvrage dirigé contre cette prétendue science.

2° *Decisio : An in omni causa oporteat judicem judicare secundum allegata et probata.*

Cité par la table du ms. n° 111, f. St-Victor, Bibl. imp. Manque dans le corps du volume.

Cité aussi par Launoy, sous le titre : *Decisio quæstionis : Utrum oporteat in omni casu judicem judicare*, etc., comme étant dans la bibliothèque de l'abbaye de Saint-Victor.

L'ouvrage manquant, l'authenticité n'en peut être constatée, mais il est certain qu'Oresme, dans les gloses de sa traduction des *Politiques*, a traité la question et prononcé qu'il y a des cas où un juge doit plutôt juger d'après l'équité que d'après les commencements de preuves par écrit.

3° Traité *de Dici de omni in divinis.*

Cité par Possevin, cité sur la foi de Possevin par Launoy qui le place à la bibliothèque de l'abbaye de Saint-Victor, cité sur la foi de Possevin et de Launoy par Ellies du Pin.

Traité théologique, selon toute apparence.

4° Écrit *contra Mendicationem.*

Cité par Launoy comme étant dans la bibliothèque de l'abbaye de Saint-Victor.

Cité aussi d'après Launoy par Ellies du Pin.

L'écrit manquant aujourd'hui, l'authenticité n'en peut non plus être constatée. Ce qui est encore certain, c'est qu'Oresme dans les gloses de sa traduction des *Politiques* d'Aristote a plus d'une fois condamné la mendicité volontaire au moins au point de vue civil, sinon au point de vue religieux. Mais la querelle qui s'était élevée au

XIIIe siècle entre le clergé séculier et les ordres mendiants, était-elle encore assez vive au milieu du XIVe pour donner lieu à des traités spéciaux ? L'écrit *contra Mendicationem* ne daterait-il pas plutôt du règne de saint Louis ou de celui de Philippe le Hardi ? Ne pourrait-il pas être de Guillaume de Saint-Amour? Ce ne serait pas le seul ouvrage de Guillaume qui aurait été attribué à Oresme. Il est à regretter que Launoy n'ait pas indiqué les numéros des manuscrits qu'il a cités, l'indication des numéros permettrait de vérifier ses assertions et probablement de décider plus d'une question.

IV.

Ouvrages rédigés soit en latin soit en français dont l'authenticité a été ou peut être légitimement contestée.

De tous les ouvrages dont les titres ont été cités jusqu'ici, la plupart sont d'une authenticité incontestable et il n'y en a pas un dont l'authenticité ne puisse à la rigueur être soutenue avec quelque apparence de raison. Ceux dont les titres suivent, bien qu'ils aient été ou soient encore attribués à Oresme, sont au contraire les uns très-vraisemblablement et les autres très-positivement apocryphes.

1° *De Antechristo.* Bibl. imp. f. St-Victor, ms. n° 861. Attribué à Oresme par Launoy.

Imprimé par les soins de Martène et Durand sous ce titre :

« Liber magistri *Nicolai Oresmie*, episcopi, *de Ante-*

christo et ejus ministris, ac de ejusdem adventus signis propinquis simul et remotis. Ex diversis sacrarum scripturarum testimoniis elegantissime compilatus.

« Quatuor continens particulas.

« Ex manuscripto S. Victoris.

« In codice Victorino titulus hoc modo effertur : Liber *Bonaventuræ* secundum aliquos, secundum alios magistri *Nicolai Oresme*[1]. »

Composé entre 1263 et 1273[2], cet ouvrage ne saurait être d'Oresme : Oresme est mort en 1382.

Il n'est pas non plus de saint Bonaventure : saint Bonaventure membre, défenseur, puis général de l'ordre de Saint-François, n'a pu écrire contre les ordres mendiants.

Il y a grande apparence qu'il est de Guillaume de Saint-Amour, ou tout au moins d'un de ses contemporains et de ses disciples[3].

2° *Epistola Luciferi ad malos principes ecclesiasticos.* En manuscrit, à ?. Imprimée, Paris, 14..?

Strasbourg, 1507, avec cette indication : « *Parisiis primum impressa, ubi est fons optimorum et doctissimorum hominum multitudo,* etc. »

Réimprimée, Magdebourg, 1549, par les soins de Flacius Illyricus.

Analysée, mais non transcrite, dans toutes les éditions du *Catalogus testium veritatis.*

1. *Veterum scriptorum et monumentorum amplissima collectio*, Paris, 1733, t. IX, col. 1274-1446.

2. *Mercure de France*, oct. 1750, p. 61-67 (attrib. à Rondet). Boulliot, ap. Barbier, *Dictionn. des Anonymes*, t. III, p. 578.

3. *Hist. litt. de la France*, t. XXI, p. 470-476 (art. de M. Victor Le Clerc).

Réimprimée, Lauingen, 1600, par les soins de J. Wolf, *Lectionum memorabilium et reconditarum centenarii* XVI, t. I, p. 654-656.

Restée anonyme jusqu'à Flacius Illyricus.

Attribuée à Oresme par Flacius et après Flacius par J. Wolf et par David Clément.

Elle n'a été citée par aucun des biographes d'Oresme. Datée de l'an 1351.

Il n'est pas facile d'en constater l'existence avant l'édition que Flacius en a donnée. On n'en cite aucun exemplaire manuscrit, et les exemplaires des deux premières éditions citées sont introuvables. Cependant, comme d'une part elle n'est pas sans précédents dans l'histoire du moyen âge[1], et que de l'autre elle est suffisamment empreinte des préoccupations propres au XIVe siècle, et ne contient rien qui ne soit parfaitement orthodoxe, il n'y a pas lieu de croire qu'elle ait été fabriquée par les partisans de la Réforme.

Mais est-elle d'Oresme? Flacius avoue l'avoir trouvée anonyme, et pour l'attribuer à l'auteur du sermon prêché à Avignon en 1363, il ne paraît pas avoir eu d'autres raisons que la communauté de provenance, la coïncidence des dates et l'analogie des sujets : elle est d'origine française, elle a paru en 1351, elle censure le clergé. Ces raisons paraissent insuffisantes.

L'*Epistola Luciferi ad malos principes ecclesiasticos* n'est pas la parodie d'une bulle. Le trait de Flacius disant, par une réminiscence classique presque intra-

1. Voy. *Hist. litt. de la France*, t. XXI, p. 358.

duisible en français, qu'il ne sait pas, lorsqu'il voit Lucifer commencer sa lettre comme le pape commence ses bulles, si le diable s'est fait pape ou si le pape s'est fait diable[1], ne manque pas de mordant, il manque de justesse. La lettre est une charte royale :

« Lucifer, prince des Ténèbres, souverain du profond Achéron, duc de l'Érèbe, etc[2]. »

Le style, quand il ne reproduit pas les membres dispersés des poètes, en est singulièrement concis, et les pensées toujours fortes, toujours saisissantes, en sont souvent remarquablement élevées. Le sentiment d'une illégitime oppression, les souffrances d'une jalousie impuissante, et les sourdes colères d'une inimitié forcée de se déguiser y éclatent et y grondent çà et là. L'ironie, arme favorite de l'auteur, y est maniée, comme Pascal la devait manier un jour, poliment, froidement, amèrement. Chaque phrase porte coup.

Les vicaires du Christ[3] ayant converti le monde, l'enfer ne recevait plus personne[4]. Aux ministres de l'an-

1. « Num diabolus papizet, an vero papa diabolizet. » J. Wolf, t. I, p. 654.

2. « Lucifer, princeps Tenebrarum, tristia profundi Acherontis re-« gens imperia, dux Herebi, rex Inferni, rectorque Gehennæ, uni-« versis sociis regni nostri, filiis superbiæ, præcipue modernæ Eccle-« siæ principibus (de qua noster adversarius Jesus Christus per pro-« phetam prædixit : *Odivi Ecclesiam malignantium*), salutem, quam « vobis optamus, et nostris obedire mandatis, ac, prout incepistis, « legibus parere Sathanæ, et nostri juris præcepta jugiter observare. »

3. « Christi vicarii, sequentes ejus vestigia, signis et virtutibus « coruscantes, et docentes sub quadam paupere vita. »

4. « Nulla recipiebamus a mundo tributa nec concursu solito cater-« vatim veniebant ad nostri barathri limina flebile vulgus, sed via « proclivis et lata, quæ ducit ad mortem, sine ullo strepitu manebat, « nullis miserorum gressibus conculcata. »

cienne Église Pluton a su faire succéder les princes de l'Église nouvelle[1], dont le Christ a dit : *Regnaverunt et non ex me.*

Satan offrit autrefois à Jésus-Christ tous les royaumes du monde, si, se prosternant, il l'adorait, et Jésus-Christ ne voulut pas, disant que son royaume n'était pas de ce monde[2]. Serviteurs de Satan, les princes de l'Église actuelle règnent aujourd'hui sur le monde par la grâce de Satan[3].

Les ministres de la primitive Église pratiquaient, en la prêchant à l'exemple de leur maître, la soumission temporelle aux puissances séculières[4] : *Subjecti estote omni creaturæ propter Deum, sive regi,* etc... *Obedite præpositis vestris.* Armés du glaive spirituel et du glaive temporel, les princes de l'Église nouvelle se sont immiscés dans les affaires du siècle, et de quelle façon[5] !

1. « Quod nostri Plutonis impatiens feritas amplius ferre noluit ; « neque dira ducis inclementia potuit diutius tolerare... sed præcaventes et in posterum obviantes periculis... loco istorum... per « nostram astutiam atque potentiam succedere facimus vos, qui mo- « dernis temporibus Ecclesiæ præsidetis. »

2. « Dicens quod regnum suum non erat de hoc mundo. Et fugit « quando turbæ voluerunt eum in regem eligere temporalem. »

3. « In vobis autem qui... nobis ministratis, impleta est promissio, « et jam per nos et a nobis... humana imperia possidetis. »

4. « Subjiciebantur... principibus hujus sæculi in temporalibus... « sic enim magister eorum proposuerat et præceperat... vos autem « non sic. — Despicabilem vitam et inopem agebant in continuis labo- « ribus et ærumnis... vos autem non sic. »

5. « Secundum nostra decreta utriusque gladii justitiam exercentes « vel jurisdictionem, vos mundanis immiscetis, et nobis militantes, « sæcularibus negotiis implicati, de paupertatis miseria gradatim as- « cendistis ad culmen honorum et ad summa fastigia dignitatum per « astutiosas practicas et fallaces fabricas, per hypocrisin, adulatio- « nem, mendacia, perjuria, fraudes, simonias et cæteras nequitias « ampliores quam excogitare possent nostræ Furiæ infernales. »

Enflés d'orgueil, vivant dans le luxe, au milieu des délices et des jouissances corporelles, ils s'érigent en dieux et se font donner les noms de saints et de très-saints[1]. Les biens qu'ils ont ravis, dérobés, extorqués, usurpés, loin de profiter aux pauvres, ne leur servent qu'à entretenir des troupes de courtisanes et d'entremetteurs[2]. Habitants de palais splendides, hôtes de somptueux banquets, possesseurs de trésors immenses, bien différents de celui qui disait : *Argentum et aurum non est mecum*, ils ont ramené l'âge d'or[3].

Prêtres selon le cœur de Satan[4], ils ont quitté Simon Pierre pour Simon le Magicien[5] : ils vendent et achètent dans le temple les choses saintes[6]. Appelant à l'héritage du Christ d'infâmes débauchés, leurs ignares neveux ou leurs propres bâtards, ils possèdent le sanctuaire de père en fils[7].

1. « Inflati superbia, luxuriose viventes. In deliciis et fruitionibus « corporalibus ducitis in bonis dies vestros, vocatis vobis nomina in « terris, vos *Deos sanctos* et *sanctissimos* appellando. »

2. « Bona etiam quæ aut violenter rapitis, aut per abusiones dolose « surripitis, et fallaciter extorquetis, aut falso titulo possidetis, quæ « pro sustentatione pauperum Christi (quos odimus) fuerunt antiquitus erogata, in usus vobis placitos expenditis. Unde meretrices et « lenonum turbas nutritis, cum quibus equitantes pompatice velut « magni principes inceditis. »

3. « Vobis ædificatis palatia, omni amœnitate et pulcritudine plena « spectabilia. Comeditis cibaria et bibitis vina, omni curiositate, deli« catione et leccacitate exquisita. Thesauros coadunatis infinitos ; non « sicut ille qui dicebat : *Argentum et aurum non est mecum*. Vos aurea « sæcula reparastis. »

4. « O societas gratissima dæmonibus... O dilecta nostra Babylon, « o cives nostri... Vos merito deligimus, vobis applaudimus. »

5. « Leges Simonis Petri negligitis et legibus Simonis Magi, amici « nostri, penitus adhæretis. Ipsas tenetis ad unguem et publice exer« cetis. »

6. « In templo Dei vendentes et ementes spiritualia. »

7. « Distribuitis beneficia et honores aut prece, aut pretio, aut pro

Plus soucieux des richesses que des âmes[1], ils ont ébranlé la foi des laïques qui les voient pratiquer le contraire de ce qu'ils prêchent et prouver par leurs actes la fausseté de leurs paroles[2]. Ils précipitent tant d'âmes dans l'enfer qu'il a fallu l'élargir[3]. Aussi Satan les a-t-il en singulière estime, il leur rend de grandes actions de grâces et ne peut que les engager à persévérer; ils ramèneront tout le monde sous ses lois[4].

Trop occupé, grâce à eux, dans les enfers[5], il les charge de tenir sa place sur la terre et les nomme ses vicaires et ses ministres[6]: l'Antechrist ne saurait avoir de meilleurs précurseurs[7].

Qu'ils s'entremettent hyprocritement de la paix entre

« turpi servitio, seu favore, et ecclesiasticas dignitates, reprobando « dignos et indignos promoventes, utpote ganeones, lenones, et « ignaros vestros nepotes, aut filios proprios ad Christi hæreditatem « evocatis, ut sanctuarium Dei hereditarie possideatis. »

1. « Innumeram curam habetis pecuniarum et non animarum. »

2. « Omnia genera scelerum et omnium scelera generum, prout vo- « lumus, perpetratis, et multum... in nostro servitio insudatis, potis- « sime quantum ad destructionem fidei christianæ. »

« Jam enim laïci de fide hæsitant: et si quæ sibi prædicatis quan- « doque (licet raro), tamen non credunt, quando vident manifeste « quod quilibet vestrum contrarium operatur, et sic ostenditis aliud « esse quam dicitis. »

3. « Tot... ex omni hominum genere nobis quotidie transmittitis, « quot capere non possemus, nisi nostrum chaos insatiabiles mille « faucibus additis innumerabiles animas deglutiret. »

4. « Unde vos habemus viriliter commendatos. Atque vobis grates « magnas referimus, vos nihilominus exhortantes, ut perseveretis, « sicut facitis, ulterius procedendo, quia per vos intendimus totum « mundum sub nostram ditionem iterum revocare. »

5. « Mirabiliter occupati. »

6. « Vobis interim committimus vices nostras, et volumus vos nos- « tros esse vicarios vel ministros. »

7. « Quia etiam de missione propinqua Antechristi cogitamus, cui « viam optime præparatis. »

les princes[1], mais qu'ils en nourrissent habilement les dissensions : le bien de l'Église le veut ainsi[2].

Qu'ils aient en grande recommandation ses très-chères filles, l'Arrogance, l'Avarice, la Perfidie, la Luxure, et surtout très-haute et très-puissante dame, dame Simonie, qui les a faits, allaités et nourris[3]. Qu'ils ne l'appellent plus Simonie : tout leur appartient[4]. Ils ne peuvent vendre, puisqu'on les paye avec leurs biens[5]. Ils ne sont point orgueilleux : leur état exige de la magnificence[6]. Ils ne sont point avares : ils n'amassent que pour saint Pierre[7]. Qu'ils engraissent les leurs des trésors de l'Église ou du patrimoine du Crucifié : le Christ a appelé les siens à l'apostolat[8]. Il les a appelés à la pauvreté et à l'humilité ; qu'ils appellent les leurs aux richesses et à l'orgueil[9]. Ceux-là ont tout abandonné ; qu'ils gardent tout, eux : ils ne possèdent rien que pour défendre l'Église[10]. Qu'ils continuent donc, ils s'y en-

1. « Inter principes sæculi pacem fictitie procuretis. »

2. « Ecclesiæ causa discordiam nutriatis... Nec permittatis aliquod « regnum nimium ampliari, ne forte minus fortificati et pacem ha- « bentes, velint deprimere vestrum statum... »

3. « Commendatas habentes nostras charissimas filias, Superbiam, « Avaritiam, Fraudem, Luxuriam, et alias : præcipue dominam Si- « moniam quæ fecit vos, ac propriis lactavit uberibus et nutrivit. »

4. « Ipsamque non vocetis simoniam seu peccatum : quia omnia « vestra sunt. »

5. « Nihil potestis vendere : quia de proprio solvuntur. »

6. « Nec vos estis superbi : quia talem requirit magnificentiam sta- « tus vester. »

7. « Nec avari : quia pro sancto Petro est, quidquid congregatis. »

8. « Et de thesauris Ecclesiæ seu patrimoniis crucifixi promoveatis « vestros ; sicut Christus ad apostolatum vocavit cognatos et notos. »

9. « Et sicut ipsi vocabantur ad statum pauperem et humilem ; sic « et vos vestros vocate ad statum divitiarum et superbiæ. »

10. « Ipsique reliquerunt omnia, vos autem non ; quia pro defen- « dendo Ecclesiam vestra bona tenetis ; et sic de aliis. »

tendent mieux que lui, à couvrir leurs vices du manteau de la vertu, à étouffer les textes sous les gloses et à torturer le sens des mots, et que quiconque prêchera contre eux, soit anathème [1].

Et ce faisant, ils mériteront et obtiendront la place qu'il leur prépare et réserve au plus profond des enfers [2]. Car ils n'espèrent point la récompense future, et ils ne redoutent point le châtiment éternel [3]. Aussi n'auront-ils pas la vie en laquelle ils ne croient pas, et obtiendront-ils avec lui la mort qu'en vie ils ne craignent pas [4]. Puissent-ils jouir du bonheur dont il désire et entend les récompenser [5] !

« Donné au centre de la terre, en notre palais de Ténèbres, etc. [6] »

1. « Sed ut melius nostis, perpetrate vitia sub virtutum specie palliata. Allegetis pro vobis, et glossetis distorte, et adducatis ad vestrum propositum indirecte. Et si quis prædicet contra vos aut doceat, ipsum excommunicantes violenter opprimite, et a vobis tanquam hæreticus condemnetur. »

2. « Eaque ideo faciatis, ut valeatis locum habere, quem vobis paramus sub nostro habitaculo in secretissimo fundamento, quod vobis singulariter reservemus. »

3. « Vos enim nec speratis futurum præmium, nec formidatis æternum supplicium. »

4. « Ideoque nec vitam, quam non creditis, habebitis, sed nobiscum mortem obtinebitis, quam, dum vivitis, non timetis. »

5. « Valeatis illa felicitate, qua vos desideramus et intendimus finaliter præmiare. »

6. « Datum apud centrum terræ, in nostro palatio tenebroso : præsentibus catervis dæmonum propter hoc specialiter vocatorum ad nostrum consistorium dolorosum. Sub nostri terribilis signati charactere, in robur præmissorum. Anno a palatii nostri fractione ac consortium nostrorum substractione millesimo trecentesimo quinquagesimo primo.

« BEELZEBUB, vester specialis amicus.

FARFARELLUS, CATABRIGA, secretarius. »

Cela ne saurait être d'Oresme. En 1351, Oresme était depuis trois ans boursier en théologie au collége de Navarre, il n'y pouvait écrire une lettre dont l'inspiration toute laïque est encore plus hostile à la puissance temporelle de l'Église qu'irritée des désordres du clergé. Cette lettre est un pamphlet, ce pamphlet est d'un légiste, d'un chevalier ès lois.

3° *Propositio notabilis facta coram papa Urbano V et cardinalibus ex parte regis Franciæ.* Bibl. imp., f. St-Victor, ms. n° 277.

Imprimée.

Paris, 1668, par les soins de du Boulai, *Hist. univ. Parisiensis*, t. IV, p. 396, 412.

Anonyme dans le manuscrit.

Attribuée à Oresme, sans exposition de motifs par du Boulai, et d'après du Boulai par Crevier et par l'abbé Barth. de Beauregard.

Un amas de textes sacrés ou profanes placés les uns à la suite des autres, pour la plus grande glorification d'Urbain V, en compose l'exorde[1].

Un dialogue, dans lequel Urbain V s'appelle le père et Charles V le fils, en indique le plan. « Seigneur, où

1. « Attenuati sunt oculi mei suspicientes in excelso. Isa. XXXVIII. « Proferre enim valeo verbum Jacob ad Esaü : *Vidi faciem tuam*, « *quasi vultum Dei. Gen.* XXXIII. Vultum siquidem sui sanctissimi « vicarii, cui data est omnis potestas ligandi atque solvendi. « Matth. XVI, 21 d. in novo. Cui etiam per Dominum dictum est : « *Duc in altum et in profundum disputationum.* Quid autem tam al- « tum quam altitudinem divitiarum Dei videre? Et qui sacræ cogni- « tionis habet potestatem et judicationis divinæ repræsentat reveren- « tiam, cum vicaria dignitas terrestris dignitatis antista ipso nomine « ejus se trahere judicet portionem? C. *de Off.* vj. l. Facies enim « ejus sicut sol lucet, etc., etc. »

allez-vous ? » demande le fils à son père. « Je vais à Rome » répond le père. « Pour être de nouveau crucifié, » réplique le fils[1].

Des séries d'antithèses, antithèses de pensées, antithèses de mots, antithèses de consonnances[2], ou des séries de textes empruntés à la Bible, feuilletée de la Genèse à l'Apocalypse, et presque toujours rangés dans l'ordre même des livres saints, en forment le développement[3].

Les raisons que peut avoir le père pour aller à Rome

1. « Domine, quo vadis? » — « Venio Romam. » — « Iterum cru« cifigi. »

2. « Beatissime Pater, in verbis propositis obmissa introductione, « causa brevitatis, filius iste quærit a patre tanquam inscius, quærit « effectus anxius, quærit dolore confusus, quærit lacrymis perfusus; « filius inscius, dolore confusus, filiali more ad quærendum excita« tur; filius anxius, lacrymis perfusus, ad terrorem incitatur. Ex sin« cero mentis affectu filius efficitur querulosus, ex deflendo rei effectu « redditur hic dolorosus. Filius pro rebus patri consilium, pater refert « ejusdem exsilium; filius requirit consolationem, pater refert deso« lationem; filius patrem nititur retrahere, pater nititur se distra« here; filius patrem ad rationem ponit, pater voluntarius periculo se « exponit; filius patrem a periculo nititur eruere, pater recusat con« silium amicitiæ; filius patris votum requirit, pater negat quæ requi« rit; filius invitat patrem ad unionem, pater provocat filium ad divi« sionem; filius deplorat patrem corde puro, pater repellit filium « corde duro; filius patrem allicit, pater filium rejicit, etc., etc. »

3. « Merito filius iste quærendo conqueritur : « Pater, quare natus « es? » *Gen.*, IV. « Quare reddis malum pro bono ? » *Gen.*, XLIV. « Quare « sic loquitur Dominus noster, quare moriemur coram te ? » *Gen.*, XLVII. « Quare percutis proximum tuum? Quare dimisisti hominem? » *Exod.*, II. « Quare fundamur? » *Num.*, IX. « Quare non invenio gra« tiam coram te? » *Num.*, X. « Quare omnis populus iste frustratur? » *Josue*, VII. « Quare dimisisti eum? » *Reg.*, III. « Quare atteris popu« lum meum? » *Isa.*, III. « Quare sic facis, Domine, terræ huic? » *Deuteron.*, XXIX; 3, *Reg.*, IX. « Quare, Domine Deus, factum est hoc « malum? » *Jud.*, XXI. « Quare facis res hujuscemodi ? » 1, *Reg.*, II. « Quare reversus es? » 4, *Reg.*, I. « Quare me dereliquisti? » *Psal.*, XXI, etc., etc. »

y sont rangées sous sept chefs : Ordre de Dieu, disposition du lieu, prérogative du siége, force du lien conjugal, imitation des prédécesseurs, révélation divine, motifs divers[1].

Après les avoir longuement développées, le fils les réfute encore plus longuement dans une discussion où il prie son père de considérer d'où il part, par où il va et où il va[2].

Il part de France. La France est pourtant la résidence qui convient le plus aux papes. La France a de tout temps été renommée pour la piété de ses habitants[3]. La France possède des reliques insignes. La France a la première arboré le labarum. Rome n'a rien à opposer à de pareils titres. C'est en France qu'est l'Université de Paris ; en France qu'est Marseille, le centre de l'Europe, si l'on fait abstraction de la Grèce qui est schismatique[4]. Or le pape doit résider au centre de l'Europe, comme le soleil est au milieu du ciel, le cœur au milieu de l'homme, le firmament au milieu des eaux, et l'arbre de vie au milieu du paradis[5].

1. « 1. Propter divinam jussionem. 2. Propter loci dispositionem. « 3. Propter sedis prærogativam. 4. Propter conjugii vim et fidem « compulsivam. 5. Propter prædecessorum imitationem. 6. Propter « divinam revelationem. 7. Propter multiplicem aliam rationem. »

2. « Locum a quo egreditur, viam per quam progreditur, termi- « num ad quem graditur. »

3. « *Natio est omnis Gallorum admodum dedita religionibus.* » Jul. Cæs.

4. « Dempta Græcia quæ hodie est schismatica. »

5. « Quod sol nobilissimus planetarum est in medio cœli, ut magis « æqualiter radios suos diffundat; cor in medio hominis, ut vires « suas fortius et æqualius et magis proportionaliter infundat vel dif- « fundat per universum corpus; firmamentum in medio aquarum, « *Gen.*, I; lignum vitæ in medio Paradisi, *Gen.*, II, etc., etc. »

Il veut aller à Rome. Rome n'est pas une ville habitable : l'anarchie y règne en souveraine. La Romagne est soumise au gouvernement despotique d'une foule de petits tyrans : l'oligarchie a été condamnée par Aristote dans ses *Politiques*. Puisse-t-il ne pas préférer Rome à la France[1] !

Par où veut-il enfin aller à Rome? Par mer[2].

Ainsi finit l'ouvrage.

Il est vrai que la présence d'un grand espace blanc et l'absence d'*explicit* dans le manuscrit qui l'a conservé permettent aux lecteurs qui en trouveraient la fin un peu brusque de croire que la péroraison en est perdue; mais du Boulai l'a regardé comme complet, et peut-être l'est-il.

Ce qui est certain, c'est qu'il est anonyme dans le seul manuscrit que l'on en connaisse; c'est que du Boulai n'a pas dit d'après quelle autorité il l'attribuait à Oresme; c'est que le style simple et uni du sermon de 1363 n'a rien de commun avec le style recherché et fatigant de la *Proposition notable*; c'est qu'il n'est pas prouvé qu'Oresme ait fait partie de l'ambassade de 1366, bien loin qu'il en ait été l'orateur ; c'est que la *Proposition notable* était une œuvre avouable, quoiqu'elle n'ait pas empêché Urbain d'aller à Rome; c'est qu'Oresme, qui a si souvent cité son sermon de 1363, n'a jamais

1. « Absit igitur, Pater sancte, quod Romæ iterum a Romanis cruci-« figaris, ut cæteri prædecessores tui infiniti, et hanc patriam tutissi-« mam et sanctissimam et præeligibilem, et in qua Christus creditur « visibiliter habitare, taliter deseras! »

2. « Postremo, Pater sancte, considera viam per quam progredieris, « quantum est periculosa, quia per mare. »

fait mention de la *Proposition;* c'est qu'il avait d'autant plus lieu de la citer qu'Urbain, en revenant mourir en France, semblait en avoir enfin reconnu le mérite. Elle n'est pas d'Oresme, elle pourrait être d'un suppôt de l'Université.

4° Traduction du dialogue *de Remediis utriusque Fortunæ.*

La Croix du Maine, de Saint-Romuald, Sorel, du Boulai, Launoy, Baillet, le *Gallia christiana*, Moréri et la Biographie universelle s'accordent à attribuer à Oresme une traduction du dialogue de Pétrarque *de Remediis utriusque Fortunæ*, imprimée en 1534.

On ne connait d'édition imprimée d'une traduction de ce dialogue que celle qui a été publiée à Paris par Galliot du Pré, en 1523 avant Pâques, c'est-à-dire en 1524.

Après ce titre : « Messire François Petracque, des Remedes de l'une et de l'autre Fortune prospere et adverse, » on n'y trouve ni nom d'auteur ni prologue.

Elle commence par ces mots :

« Quant je pense et considere les choses et les fortunes de humaine nature et les doubteux et soudains mouvemens des autres choses... »

Elle finit par ceux-ci :

« ... *Raison :* Se tu es soubstraict hors de ton pays, bien est; tu as en toy dont ce vaillant homme, Phocion, eut envie; lequel, combien que bon citoyen d'Athenes il eust autrement desservy, icelle cité par ingratitude le bouta hors du pays depuis qu'il fust mort : ce fut cruaulté non ouye. *Douleur :* Je serai geeté au loing sans estre enterré. *Raison :* Fays tes besongues, laisse de ce convenir à ceulx qui vivent. »

C'est précisément par les mêmes mots que commence et que finit un manuscrit daté de 1361, qui porte le n° 7368 dans l'ancien fonds français de la Bibliothèque impériale de Paris.

Comme on avait attribué à Oresme la traduction anonyme imprimée en 1524, le rédacteur du Catalogue de la Bibliothèque impériale lui a aussi attribué la traduction manuscrite de 1361, les deux n'en faisant qu'une.

Si, outre les exemplaires imprimés, on avait aussi connu l'exemplaire manuscrit, ou si, le connaissant, on en avait seulement lu les premières lignes, on y aurait trouvé en toutes lettres le nom du véritable auteur de cette traduction.

Cy commance le prologue du translateur de ce livre. « A tres hault et tres puissant prince aorné du don Salomon, octroyé du Pere de toute lumiere, Charles, par la grace de Dieu, roy de France, son tres humble et tres petit subjet et orateur, Jehan Dandin, indigne chanoyne de la saincte Chappelle royal à Paris, et moins souffisant bacheler en theologie, longuement tenir et en felicité gouverner son royaume temporel, et apres non mye le perdre, maiz parvenir en meilheur et sans fin.

« Mon tres chier et tres redoubté Seigneur, vostre excellent sapience a heu plaisir et propos de commander à moy, vostre tres humble et tres petit subject, que de langaige latin je translatasse en françois ce present livre, tres planlureux et habondant en tout point de doctrine moralle, et tres doulx et souef en aournement d'eloquence, lequel pour remedier aux langoureuses pensées humaines icelluy tres excellent et renommé clerc, maistre Françoys Petrarch, Flementin[1], composa nagueres et intitula : *des Remedes de l'une et de l'autre Fortune.* »

Jehan Dandin, auteur de la traduction du dialogue *de Remediis utriusque Fortunæ*, avait encore traduit, soit avant soit après l'ouvrage de Pétrarque, le traité de Vincent de Beauvais *de Eruditione puerorum nobilium.* Il y avait un exemplaire de cette traduction dans la Librairie de la tour du Louvre, en 1381[2]. On n'en connait plus aujourd'hui.

5° *Somnium Viridarii. — Songe du Vergier.*

L'ouvrage intitulé en latin *Somnium Viridarii* et en français *Songe du Vergier* est un des livres les plus remarquables que le règne de Charles V ait vus paraître. Il a été attribué à Oresme par Mézeray, et M. Michelet a cru qu'Oresme pouvait y avoir travaillé. Ni l'un ni l'autre historien n'a donné de raisons à l'appui de son opinion ; toutes deux paraissent également mal fondées. Les ouvrages qu'Oresme a écrits en latin et en français

1. Faut-il lire : « Florentin? » Cela est probable. Cependant Pétrarque est né non à Florence, mais à Arezzo, en 1304. Il est vrai que son père, ami de Dante, a quelque temps habité Florence, mais il en fut exilé comme gibelin en même temps que l'auteur de la *Divine Comédie.*

2. Van Praet, *Catal. de Gilles Malet*, p. 88. M. Van Praet a su que l'auteur de la trad. contenue dans le ms n° 7368 s'appelait Jehan Dandin; mais il n'a pas relevé l'erreur de ceux qui l'ont attribuée à Oresme.

le sont dans un autre style et dans un autre esprit que celui dont il s'agit. En 1377, Oresme était occupé à traduire le traité *du Ciel et du Monde*, et d'un côté le *Somnium Viridarii* était achevé le 16 mai 1376, de l'autre le *Songe du Vergier* a été rédigé, selon toute apparence, entre le mois de septembre 1376 et le mois de mars 1378. Nommé évêque de Lisieux le 16 novembre 1377, sacré le 26 janvier 1378, Oresme ne pouvait guère alors avoir le loisir de composer des ouvrages, tels que sont les livres en question, et supposé qu'il en eût le temps, pouvait-il en avoir la volonté? Ce n'était pas un très-ardent champion de la prérogative royale, que celui qui a écrit le traité *des Monnaies;* ni un juge très-désintéressé en sa propre cause, que celui qui n'est sorti du collége de Navarre que par arrêt du parlement. Il est bien permis de croire, quels qu'aient été par la suite ses rapports avec Charles V, et quelque estime que mérite d'ailleurs sa vertu, qu'il n'a jamais porté le dévouement ni l'abnégation jusqu'à écrire en faveur de l'autorité royale et contre la suprématie temporelle de la puissance ecclésiastique dans le temps même où il jouissait déjà ou allait bientôt jouir d'une partie de cette puissance. Ni le *Somnium Viridarii* ni le *Songe du Vergier* ne sont d'un évêque du XIVe siècle. Ils sont plutôt de Raoul de Presles ou de Philippe de Maizières[1].

1. Voir dans les Mém. de l'Acad. des inscr. deux mém. sur la vie et les ouvr. de Raoul de Presles, par Lancelot, t. XIII; deux mém. sur la vie et les ouvr. de Philippe de Maizières, par l'abbé Lebeuf, t. XVI et XVII; et deux mém. sur le vérit. aut. du *Songe du Vergier*, par M. Paulin. Paris, t. XV, nouv. série.

6° Traduction de la *Bible*.

Bien qu'un grand nombre d'auteurs[1] aient cru qu'Oresme avait traduit la Bible en français, il est aujourd'hui certain qu'il ne l'a jamais traduite. La traduction de la Bible qui a été imprimée sous Charles VIII est de Guyard des Moulins, chanoine d'Aire, qui vivait un siècle avant Oresme[2], et la traduction manuscrite qui en a été faite sous Charles V est de Raoul de Presles[3].

7° Traité *de Conceptione beatæ Mariæ virginis*.

Nicole Gilles (car de Belleforest, du Verdier, Launoy, le *Gallia christiana*, Moréri et la Biographie universelle n'en parlent que d'après lui) est la seule autorité que l'on ait pour attribuer à Oresme un traité *de Conceptione beatæ Mariæ virginis*, qui commençait par ces mots : *Necdum erant abyssi et ego concepta eram*, et qui défendait contre les Jacobins l'immaculée Conception de Marie. Mais l'autorité de Nicole Gilles suffit-elle, en l'absence du traité, pour que l'on admette qu'il était réellement d'Oresme? Cela est douteux. La prédication du dogme de l'immaculée Conception avait bien provoqué déjà quelques réclamations dans l'Église avant la fin du XIVe siècle, mais il ne paraît pas que la polémique

1. Jean de Serres, l'abbé de Choisy, Bern, de Montfaucon, l'abbé Barth. de Beauregard, La Croix du Maine, Bén. Turrétin, P. de Saint-Romuald, l'abbé de Marolles, Huet, Sorel, du Boulai, Launoy, Adr. Baillet, Ellies du Pin, Arnauld, un des rédact. du *Gall. christiana*.

2. Rich. Simon, *Hist. crit. des vers. du Nouveau Testament*, p. 317-325.

3. Le P Lelong, *Biblioth. sacra*, p. 320.

eût encore été fort vive à ce sujet[1]. Ce n'est que sous Charles VI que les dominicains ont commencé à enseigner avec éclat et à soutenir avec force que la sainte Vierge n'a pas été conçue sans péché[2]. Il semble donc qu'il n'y avait pas lieu pour Oresme de défendre contre eux ce qu'ils n'avaient pas encore positivement attaqué.

8° *Traductions* de plusieurs ouvrages de Cicéron et d'autres auteurs.

S'il fallait enfin en croire certains écrivains[3], Oresme aurait encore composé diverses *traductions* tant de Cicéron que d'autres auteurs. Mais personne n'en a jamais cité les titres, et le livre où quelques-uns ont dit qu'elles se trouvaient[4] ne contient pas autre chose qu'une des traductions qu'Oresme a faites d'Aristote[5]. Il est donc probable qu'elles n'ont jamais existé.

1. Voy. *Hist. litt. de la France*, t. XXI, p. 70 et p. 169.

2. Voy. dans la Chron. de Charles VI, par le relig. de Saint-Denys, *Collect. des docum. inéd. sur l'hist. de France*, l'histoire de Jean de Montson, I, 491, 493, 513, 517, 579.

3. J. du Tillet, du Haillan, de Serres, de Limiers, Anquetil, d'une part; de l'autre, La Croix du Maine, Génébrard, l'édit. du *Max. Bibl. vet. patrum*, Huet, Launoy, un des réd. du *Gall. christiana*, Moréri.

4. Le volume de la traduction des *Éthiques* d'Aristote, imprimé à Paris, chez Ant. Vérard, en 1488.

5. Elles ne sont pas non plus dans les volumes de la traduction des *Politiques* d'Aristote, imprimés à Paris, chez le même Ant. Vérard, en 1489.

RÉSUMÉ ET CONCLUSION.

Une enfance obscure, treize ans passés à Paris, seize à Rouen et cinq à Lisieux, soit dans l'étude des sciences et des lettres, soit dans la pratique des devoirs d'un chrétien, d'un docteur, d'un évêque; au début l'isolement et la pauvreté, à la fin l'éclat et l'aisance; pour épisode la perte d'un procès, pour événement la prédication d'un sermon; bref, une conduite sage et prévoyante, des mœurs exemplaires, de longs et sérieux travaux, noblement inspirés par le désir d'être utile et heureusement couronnés par l'estime publique, par la faveur royale, par d'éminents honneurs et par une juste célébrité, voilà ce que présente la vie de Nicole Oresme.

Un grand bon sens, un jugement sain, plus de raison que de sensibilité ou d'imagination; l'accord d'un esprit droit, réfléchi, clairvoyant, et d'un caractère ferme et énergique; des erreurs habilement attaquées, des abus courageusement flétris, des scandales éloquemment signalés; le langage de la vérité, de la justice et de l'indignation parlé aux grands de l'État comme aux princes de l'Église avec autant de force que de respect; des réclamations auxquelles l'avenir a fait droit, et des prévisions qu'il n'a que trop justifiées; des opinions fausses légèrement adoptées, quelques préjugés même, et l'ignorance du siècle partagée en plus d'un point; un style enfin toujours simple, toujours grave, qui est précis en latin et nouveau en français, voilà ce que l'on trouve dans les ouvrages d'Oresme.

Ses contemporains ont rendu pleine justice à son mérite et à ses services; ils lui ont accordé tout ce qu'il pouvait souhaiter : mort évêque et dans la jouissance d'une belle renommée, il n'a pas eu à se plaindre de son siècle. Mais la postérité s'est-elle montrée aussi équitable envers lui? L'histoire politique et l'histoire littéraire se sont-elles assez longtemps souvenues de l'auteur qui a si énergiquement revendiqué pour la nation le droit de voter les impôts qu'elle supporte, comme du traducteur qui a si heureusement contribué à la formation de la langue française? Oresme, aujourd'hui peu connu, pour ne pas dire complétement oublié, n'aurait-il pas à se plaindre de nous?

Peut-être le pensera-t-on, mais ce scrupule serait exagéré.

Que son nom se soit de plus en plus effacé de la mémoire des hommes, dans laquelle se pressaient déjà et se pressent encore chaque jour tant d'autres noms plus grands, plus beaux, plus dignes d'être retenus; que l'auréole qui l'a quelque temps éclairé ait maintenant pâli au point qu'on la distingue à peine, éclipsée qu'elle est par tant d'autres gloires plus lumineuses et plus rayonnantes, cela n'est que l'effet du temps.

« Profunda supra nos altitudo temporis veniet; pauca « ingenia caput exserent ac se diu vindicabunt, idem « quandoque silentium obitura, » a dit Sénèque.

Ajoutez que le genre de composition auquel on s'est livré exerce toujours plus ou moins d'influence sur la réputation qu'on doit laisser après soi. A mérite égal, en des genres différents, on n'a pas souvent une égale renommée. La différence des genres cultivés peut même faire qu'un auteur obscur, inconnu de son vivant et sans véritable mérite, arrive après sa mort à une certaine notoriété, tandis qu'un autre, justement célèbre pendant sa vie pour des écrits d'une valeur réelle, tombera peu à peu dans l'oubli. C'est qu'il y a des ouvrages dont la destinée est d'être toujours lus, toujours cités, les récits historiques, par exemple, surtout s'ils sont originaux et d'un âge qui en a peu laissé; c'est qu'il y a d'autres ouvrages qui sont au contraire destinés à n'être lus et cités que pendant un temps, par exemple les traités scientifiques et les traductions que recommandent simplement le mérite de l'exposition ou celui de l'exactitude.

Dépositaire de l'immuable passé, l'histoire en a presque l'immutabilité : ni les découvertes de l'avenir, ni les variations du langage ne sauraient guère en altérer le fond ; ce sont moins les faits qui changent que la manière de les présenter ou celle de les apprécier. Puis, un récit historique peut se passer, à la rigueur, du mérite d'être bien rédigé; car, lorsqu'il s'en passe, l'instruction qu'il procure supplée au plaisir qu'il ne donne pas. On le lit pour les choses, en dépit du style. D'un autre côté, la disette de documents oblige souvent à citer un mauvais historien comme on en citerait un bon : un témoignage, en effet, est toujours un témoignage, et la valeur morale d'une déposition est indépendante de toute valeur littéraire. D'où il résulte qu'à force d'être cité, le nom du plus médiocre chroniqueur finit par se graver dans la mémoire, et parvient, grâce aux nombreux lecteurs de l'histoire politique, à une célébrité d'emprunt et toute gratuite.

Moins heureux sont les noms de ceux qui ont laissé des traités scientifiques ou des traductions, lorsque ces traités n'ont pas marqué une date ou ces traductions ajouté au mérite de l'orignal. Ni les sciences, ni les langues ne peuvent rester stationnaires ou immuables : celles-là marchent, celles-ci varient. Aussi suffit-il rarement de la valeur littéraire d'un traité scientifique ou d'une traduction pour les faire vivre. On n'ouvre plus ces sortes d'ouvrages, dès que les théories en sont arriérées ou que la diction en a vieilli. Dès qu'ils n'instruisent plus ou ne s'entendent qu'avec peine, ce sont des livres qui ont fait leur temps. A défaut de lecteurs, conservent-ils du moins les honneurs et le bénéfice de la citation? Quand ils cessent d'être lus, il n'y a plus pour les citer que les historiens des sciences ou des lettres, qu'on lit peu. Comment donc ne se perdraient pas les noms de ceux qui les ont écrits?

Ces réflexions expliquent comment Oresme est aujourd'hui, malgré ses titres à une certaine renommée, beaucoup moins connu que tel ou tel chroniqueur du moyen âge, dont les ouvrages sont loin de valoir les siens. S'il eût écrit l'histoire du même style qu'il a rédigé ses considérations sur les monnaies et ses traductions d'Aristote, il serait maintenant, pour d'autres qualités, aussi célèbre que son contemporain Froissart; mais comme il n'a laissé que des ouvrages dont on n'a plus besoin, le silence s'est fait autour de son nom.

Il ne paraît pas qu'il y ait là rien d'injuste. Demander aux hommes qu'ils se rappellent ceux dont les ouvrages, bons en soi, ne leur sont plus utiles, comme ils se rappellent ceux dont les écrits, même médiocres, leur servent encore, ce serait peut-être en exiger trop de désintéressement et d'abnégation. Pourvu que les contemporains aient été justes envers le mérite, qu'importe après tout que l'avenir, plus préoccupé de l'utilité présente que de la valeur passée de tel ou tel ouvrage, ne se montre pas toujours exempt d'égoïsme dans le souvenir qu'il en garde?

Oresme, utile à ses contemporains, en a été dignement apprécié, et être apprécié par eux voilà ce qui lui importait. Peu utile à la postérité, il en est aujourd'hui oublié; mais que lui fait notre oubli qu'il n'a peut-être pas prévu? Un certain nombre de chroniqueurs, inutiles à leurs contemporains, en ont été ignorés, comme il était juste qu'ils le fussent; instructifs aujourd'hui, ils ont (mais de quoi leur sert-elle?) une renommée posthume comme leur mérite. Tout est ici dans l'ordre : à la valeur personnelle des avantages solides, à la valeur fortuite une récompense vaine. Quoi de plus naturel?

———

APPENDICE.

I.

Remarques sur quelques-unes des habitudes grammaticales d'Oresme.

A proprement parler, la langue française n'avait pas encore de grammaire au temps d'Oresme; cependant il existait déjà un certain nombre d'usages, auxquels les écrivains se conformaient plus ou moins. De ces usages, dont les uns ont disparu et dont les autres sont restés, quels sont ceux qui se rencontrent dans Oresme, c'est ce qu'indiqueront les remarques suivantes.

On ne saurait dire au juste de quelle manière Oresme écrivait les mots dont il s'est servi. La Bibliothèque impériale possède encore un manuscrit autographe d'un de ses contemporains, Raoul de Presles, traducteur de la *Cité de Dieu* de saint Augustin; elle n'en possède pas d'Oresme. Il avait sans doute son orthographe; mais les différents manuscrits de ses ouvrages présentent les mêmes mots si différemment écrits, qu'il n'est pas possible de la retrouver. Ce qui est constant, c'est qu'ils ne portent pas d'accents et qu'ils n'offrent d'autres signes de ponctuation que le point ou la virgule.

Dans les ouvrages d'Oresme, l'article défini, simple ou composé, est le même qu'aujourd'hui; mais *au* et *aux* s'écrivent parfois *ou* et *as*; *es* qui est resté dans maître ès arts, docteur ès lettres, etc., se met souvent pour *dans les*, et *le*, *la*, *les*, *de la*, *des* se passent fréquemment, surtout devant les noms abstraits :

« Se nature cognoissoit. — Selon verité, Dieu est tel bien. — Concupiscences et malvais desirriers sont seurmontés et vaincus par abstinence. — Puissance d'ame qui est autre que raison et contrarie à raison. — Il a une autre chose en son appetit sensitif par quoi cest appetit est enclin à obeir à raison et au commandement de la volenté. — Laquelle est propre et appartient aus princes et à gouverneurs de la communité. — Où nous avons parlé de la permanence et constance de felicité. — Forgier armes, faire engins, descouvrir les anemis.... tout est pour avoir victoire et c'est la fin de chevalerie. »

L'article indéfini est aussi le même qu'aujourd'hui, mais il paraît avoir un pluriel :

« Freres issus de uns meismes parens. — Et telz sont le plus souvent d'une meisme discipline et de unes meismes meurs. — Aucuns ont unes vies propres à eulz selon lesqueles ilz seulent [ont coutume de] eulz desordener. »

Les noms communs, employés comme sujets ou comme régimes, sont invariables au singulier; au pluriel, ils prennent généralement un *s* ou un *z*. Lorsqu'ils finissent au singulier par un *t* ou par un *f*, ils perdent toujours le *t* et souvent l'*f* au pluriel. Terminés en *al* au singulier, ils font le pluriel en *als*, *aux*, *aulx*, *aus* :

« Les fais... des faiz [faits]. — Aus amis des mors [morts]... aus amis des vis [vifs]. — Il participent au bien ou aus mals qui adviennent à leurs amis vivanz. »

Les noms propres qui viennent d'une langue étrangère

se présentent tantôt sous une forme latine, tantôt sous une forme française :

« Pythagoras. — Priamus. — Les Calcedones [Chalcédoniens]. — Les Lacedemones [Lacédémoniens]. — Aristote. »

La juxtaposition suffit pour unir un nom commun et un nom propre :

« C'est l'opinion Aristote. — Les disciples Pythagoras. — Paris, le filz Priamus. »

La disjonctive *ou* placée entre deux noms communs n'empêche pas qu'ils soient suivis du pluriel :

« Aristote parle de la delectacion ou tristesce qui sont en fait de fortitude. »

Construit avec un nom pluriel, l'adjectif prend toujours la marque du pluriel; construit avec un nom féminin, il présente tantôt la forme du masculin, tantôt celle du féminin :

« Science moral.... vertus morales. — Paroles generauls ou universeles. — Vertuz cardinalx. — Idée perpetuel. — Cause final, efficiente de toutes choses. — Choses mundaines et civiles. — Grant auctorité.... grans adversitez.... grande chose.... grandes affaires. — Les opinions anciens.... opinions dessus diz.... aucunes opinions.... toutes les opinions. »

Adjectifs employés comme substantifs, avec l'article :

« Le vertueux pense que.... — Les liberaulx [généreux] sont plus amés que les autres vertueux. — Les excellens confessent ceci. — La chaasie et la vierge ont vertu d'attrempance. — Le plus fort en est fait. »

Adjectifs employés comme substantifs, sans l'article :

« Telles operations sont mixtes ou meslées de voluntaire et de involuntaire. — Et semblable [chose semblable] dit Seneque. »

Les adverbes *plus*, *le plus*, placés devant l'adjectif au positif, en forment le comparatif et le superlatif. Pour rappeler les désinences latines *or* et *imus*, il ne reste que les mots :

« Greigneur [grandior], meilleur, pluseurs, mendre [minor], minime. »

Le comparatif peut être suivi de la préposition *de*, et le superlatif renforcé par l'adverbe *très* :

« Me soubsmectant à la correction des plus grans et des plus expers de moy en ceste science. -- Elle prent pour fin le plus tres principalement bien de tous. »

On remarque parmi les noms de nombres soit cardinaux, soit ordinaux, « ambes [ambo] » construit avec *deux*, et « premier » avec *de* ou *que* :

« Posé que une soit meue et l'autre non, ou ambes ij. — L'une est naturelment premiere de l'autre. — Communication de mariage est premiere naturelment que n'est communication de policie. »

On remarque encore « septante » et « nonante, » puis « tiers [troisième], quart [quatrième], quint, sixte ou sexte, » d'où les adverbes « tiercement, quartement, quintement, sextement, » puis des collectifs, des partitifs et des multiples conservés ou perdus aujourd'hui :

« Les diviser par centaines, par disaines. — Tel angle de piramide vault ij quintes [cinquièmes] de angle drelt. — Ij douziemes, ix tresiemes d'un degré. — Au double et au quadruple. — Proportion.... triple, treble, trine. — Isnelté [rapidité] sous-double ou subquadruple. — A l'ottuple. »

Plus nombreux qu'aujourd'hui, les pronoms ont aussi des formes et une syntaxe plus variées.

Sujet d'un verbe ou régime de plusieurs, le pronom personnel est généralement omis, lorsque la clarté n'en souffre pas ; il peut en revanche faire pléonasme, lorsque la phrase commence par un régime :

« Et [je] di que.... — Se en ceste matiere [nous] mettons et traions arriere de nous delectation, nous en pecherons moins. — Mais de ceci recommencerons à parler autre fois. — Par là apperra que. — Et pour ce quierent il et desirent estre honnorés. — Nous les acquerons, recevons et avons. — Et celle puissance, nous l'eusme sans aucun usage. — A telles gens, la cognoissance de ceste science leur est inutile. »

Pronoms de la troisième personne employés autrement qu'aujourd'hui : il, ils, pour lui, eux, elle, elles ; eux, pour elles, se ; soi, pour elle, se ; de lui, d'elle, pour en :

« Doncques s'ensuit il que il [lui] meisme soit cause de telle fantasie ou apparance. — Se une chose dure plus que l'autre, il ne s'ensuit pas pour ce que il [elles] soient de diverses especes. — Les causes pour quoy pluseurs policies ont esté et pevent estre corrompues et gastées, et celles par quoy il [elles] pevent estre sauvées et gardées. — Commune à toutes choses qui ont vie en eulz [elles]. — Ilz seulent [ont coutume de] eulz [se] desordener. — Nous eslisons chascune de ces choses pour soy [elle] meisme. — Sans soy [se] haster. — Je feray la char de lui mengier aus chiens. — La terre de elle estoit sterile.

Pronoms de la troisième personne suivant l'infinitif ou le participe, au lieu de les précéder, construction aujourd'hui perdue en français, mais restée dans d'autres langues néolatines :

« Acroistre vertu est faire la meilleur, et acroistre vice est faire le pire. — Il convient acquerir la. — En prenant la, nous n'en jugeo pas. — Concuillir [recueillir] les en petit nombre. — L'usage de peccunes semble estre en despendre [dépenser] les, car prendre les et garder les est plus passion que action. — Le roy a voulu pour le bien commun faire les translater en françois. — User en prestement. — La garde de peccune est aussi comme non user en ; mais exposer les et despendre, c'est proprement user en. — Il vaut miex taire s'en que parler en sans monstrer les causes.... »

Construit avec plusieurs substantifs, le pronom possessif ne se répète pas, fussent-ils de différents genres :

« Selon ce que [qui] avient ou appartient à sa complexion, condicion et estat. »

Pronoms possessifs construits sans article :

« Ce est mien. — Il est simplement sien. — En tant comme il prennent ce qui n'est pas leur, il sont injustes. — Les meres sont plus certainnes que les peres de ce que les enfans sont leur. »

Parmi les pronoms démonstratifs, on remarque : cil, mis pour ce ; cil, ci, pour celui-ci, ceux-ci ; ceste yci, cestes icy, pour celle-ci, celles-ci ; ce, celles, pour cela, ces ; cest, cestui, icelui, celui, pour celui-ci, celui-là :

« Cil [ce] poete. — Les autres qui mettent felicité es biens de l'ame, ci [ceux-ci] sont et ont esté hommes vertueux. — Et pour ce [cela] li doit il souffire. — Une de celles [ces] puissances. — Chascune de cestes [celles-ci] a ij parties. — Conclusion principal des ij chapitres precedens et de cestui [celui-ci]. — Felicité est toute vertu ou aucune d'icelles [de celles-ci]. — Celui [celui-là] juge à bon droit des operations humainnes qui est sain selon l'ame. — Les melodies sont morales qui disposent à bonnes meurs, et celles [celles-là] sont celles du meuf [mode] appelé doriste. »

Pronoms relatifs employés autrement qu'aujourd'hui :

que, pour qui, masculin ou féminin; quoi, pour lequel, laquelle :

« Ce que [qui] dit est. — Comme ceulx sçavent que [qui] la science entendent. — Ordonnance que [qui] nullement ne se doit muer. — La petite porcion d'argent que [qui] justement se devroit donner pour une livre de pain. — Le bien de quoy [duquel] il ont besoin. — La chose par quoy [laquelle] l'en a vie. »

Pronoms relatifs construits d'une manière digne de remarque :

« Qui ne le fait, il n'a cure d'estre bon. — La chose n'est pas reputée vivre, qui n'a operation. — Verité est que nul ne doit blasmer ceulz qui sont laiz en corps de leur nature; mais, qui sont laiz et ors [sales] par malvaise paresce, y-ceulz sont à blasmer. — Qui demanderoit à quoy est l'euil ordené, l'en respondroit pour veoir; et le pié? l'en diroit pour aler; et qui demanderoit et homme? il convendroit respondre.... — Si comme qui diroit à un homme ainsi : Voudroies tu getter tes biens en la mer? il respondroit tantost que non; mais qui ajousteroit et diroit ainsi : Et si le cas estoit tel que autrement tu fusses en peril de mort, les y voudroies tu getter, il diroit : Oyl. »

Pronoms interrogatifs employés autrement qu'aujourd'hui : que, pour quoi; quoi, pour quelle chose :

« Savoir quelle elle est et que [quoi] c'est. — Et ne scet veoir que appartient à faire. — Regarder quoy [quelle chose] c'est. — Il enquiert quoy est citoyen et quoy est cité. »

Plus nombreux qu'aujourd'hui, les pronoms indéfinis offrent quelques formes et plusieurs constructions remarquables.

L'en, pour l'on :

« Après en pourra l'en rescripre plus à plain [plus explicitement]. »

Un, pour un homme, quelqu'un; pour un seul et même :

« Un appelé Jason. — Utile pour un qui vit pour soy. — Un puet bien estre en jœnesce mathematicien et ne puet pas estre sage metaphisicien. — Ilz ne vouloient recevoir un à estre roy pour ce qu'il estoit boisteux. — Ilz s'acorderent que un leur oncle determinast la question. — Les expositeurs ne sont pas d'un acord. — Ainsi [ce] n'est pas tout un. »

Un, autre; l'un, l'autre, avec ou sans article :

« Un meisme mouvement est isnel [rapide] ou regart de l'un mouvement, et est tardif ou lent ou regard de l'autre. — Autre chose est considerer en universal et autre en particulier... car un est considerer l'espece absoluement, et l'autre est considerer l'espece en matiere et en singulier. — Recevoir ou avoir par aide d'autre. — Qui nul bien n'entent par soy meisme ne par doctrine d'autre. »

Autrui, avec l'article :

« Ceulz qui gastent le leur, quant il leur fault, il veullent avoir l'autrui [le bien d'autrui]. — Ne rien voloir de l'autrui. »

Aucun, pour quelque, quelqu'un :

« Quant aucun meurt bon homme. — L'en mettoit anciennement avec les mors en leurs sepulchres aucunes choses de grant valeur, et aucune fois l'en les embloit [dérobait]. »

Chacun, pour chaque :

« Chascun tout est plus grand que sa partie. — Chascun bon homme s'en devroit couroucier. »

Plusieurs, pour plus nombreux :

« Sont pluseurs convoiteus de honneurs et ambitieus

que pusillanimes. — Les choses qui sont hors l'œuvre seroient pluseurs que les euvres. »

Nul, comme aujourd'hui et pour aucun :

« Nulz ne soustient tres grans perilz plus que celui qui est fort. — Concupiscence n'i fait nulle rebellion contre raison. — Or n'est il nul qui ignorast. »

Nullui, pour ne.... personne :

« Injurier nulluy [ne maltraiter personne]. »

Tel, comme aujourd'hui et autrement :

« Il l'a tel. — Pour neant feroit on telle chose. — Ces deux termes ont telle meisme proportion. »

Tel et quel, tel ou quel, pour tel et tel, tel ou tel; quel, tel, pour tel, tel :

« Tel et quel comme il est né en chascun, tel l'a et aura en sa vie. — Parce que nous eslisons bonnes œuvres ou males [mauvaises], nous sommes telz ou quelz. — Queles sont les parties ou les communications politiques, telles sont les amistiés. »

Quant, pour combien grand, combien nombreux :

« Quelles elles sont et quantes et en quel nombre. — Ceste chose est impossible à celui qui ignore quantes especes de policies sont. »

Quant qui, pour ce qui :

« Tout quant qui est bon à toutes bestes. »

Quiconque, comme aujourd'hui et pour tout... qui, quelque, tout :

« A quiconques aime vertu, toute chose qui est selon vertu li est delictable. — Quiconques persone euvre [agit] selon vertu, il aime ouvrer [agir] selon vertu. — Defaillir de aide à son frere est plus dure chose que faillir à un estrange [étranger] et ferir son pere que queconque autre. — Queconques chose qui. »

Quelconque, comme aujourd'hui et pour quel que :

« Pour les choses dessus dictes ne pour autres quelconques. — Chose faitte par ignorance, quelconque elle soit. »

Quel que, quelle que, comme aujourd'hui :

« Tous ceulz qui font mal, quelz que ilz soient. — Une autre chose quelle que elle soit. »

Personne, qui n'est pas encore pronom indéfini, se construit peut-être déjà avec le masculin :

« Quiconques persone.... il.... — Une personne.... il fait.... »

Tout verbe à l'infinitif peut être pris substantivement, se construire avec un article, un pronom, un adjectif, et même admettre la marque du pluriel :

« Le regner. — Le temps du commencier. — Jusques au mourir. — A son profit et à son enrichir. — Aucune fois le bel chanter ennuye. — Nul biau parler. — En tels parlers. »

L'emploi du mode subjonctif est très-fréquent dans les phrases subordonnées :

« Il s'ensuit que le liberal face.... — Se il est ainsi que loenge soit.... »

Le subjonctif présent peut être construit sans que :

« Telle vertu soit ditte verité. — Felicité ou bien humain soit ainsi circonscript. — Souffise ce que nous avons dit. »

L'imparfait du subjonctif peut être mis pour l'imparfait de l'indicatif ou pour le conditionnel :

« Il enrichissent les malvais qui deussent estre povres. — Puisque il li desplaist donner, il amast miex retenir ce que il donne, se il peust autrement avoir son entencion. »

Le participe présent est indistinctement variable ou invariable.

« Chose par soy souffisant.... par soy souffisante. »

Construit sans auxiliaire ou avec l'auxiliaire être, le participe passé s'accorde comme un adjectif :

« Felicité envoiée. — Choses divisées. — La fin pourroit estre attainte. — Ils sont mors. »

Construit avec l'auxiliaire avoir, il s'accorde régulièrement avec le régime du verbe, quelle qu'en soit la place :

« Ainsi a il mise la premiere cause. — Il ont eues pluseurs victoires. — Besoignes que l'en a veues. — Après ces choses que nous avons determinées. »

Tout participe présent ou passé peut être pris substantivement :

« En l'amistié... l'amant... l'amé. »

Participe absolu :

« Gardé [pourvu] toutes voies que il ne facent empeschement. — Posé que il ne fussent pas utiles. — Supposé que il cogneussent. »

En moins grand nombre que par le passé, les adverbes, les prépositions et les conjonctions sont en plus grand nombre qu'aujourd'hui.

Emploi des principaux adverbes :

Assez : « Ils n'ont assez rentes.... pluseurs n'ont pas assez rentes pour vivre sans labourer [travailler]. »

Avec : « Car avecques il convient vertu. »

Çà... là, ci [ici] : « Et vont puis çà puis là. — Il repreuve ci l'opinion de ceulx.... »

Comme, aussi comme [presque] : « Elle est par ce aussi comme estrainte et comprimée. »

Donc [d'où] : « Il monstre donc vient cest opinion. »

Encontre : « Resister encontre.... soy bien garder et guaitlier encontre. »

Ja [déjà], ne.... ja [plus] jamais : « Vérité acquise et ja connue. — Il ne sera ja ne riche ne content. »

Jus [à bas] : « Il ne jecte pas jus ses armes. »

Là sus [là-haut] : « Qui estoient lassus es cieulx. »

Mais [plus] : « Pour ceste cause les colleges n'ont mais les elections, ne les prelaz les collacions.... Quant il n'a mès que donner. »

Mie [point du tout] : Tyrant et roy different en faiz, non mie en nom [chez les Grecs]. »

Ne : « Et doit l'en savoir qu'il [y] a ci une negacion superflue, et tele chose est souvent es textes de Aristote, si comme nous disons en françois que nul homme n'est beste. »

Nient [nullement] : « Chose nient amiable. »

Non : « Les biens de l'âme sont bien, et les autres non. »

Outre : « Ce qui est oultre plus, appartient miex aus lois positives. »

Quellement [qualiter] : « Combien loing et quellement loing. »

Piéça [il y a quelque temps] : « Pour la raison qui fu pieça dicte. »

Que [où] : « Mais pour l'eure que il peche. »

Si [ainsi, pourtant, aussi, tellement] : « Se il est ainsi, comme si est. — Supposé que après la mort nul ne eust ne bien ne mal, si vault il miex bien mourir que malvaisement vivre. — Les principes de ceste science ne sont pas si certains comme [ceux] de pluseurs autres. — Quant aucun est si sans raison que. — Felicité qui est si tres grant bien. »

Sus : « Qui courent sus à leurs adversaires. »

Tant, en tant [pas davantage], tant, de tant, en tant comme [que], tant moins.... tant plus [moins.... moins, plus.... plus] : « En telle maniere et tant. — Et en tant soit dit de liberalité. — Tant seulement. — Il a tres grans tristesces tant corporeles comme esperitueles.... en tant comme vertus. — En toutes telles choses tant moins y a de voluntaire, tant moins doit estre le fait puni.... tant est un homme plus puissant, tant plus nuist il et à soy et à autre. »

Tantôt [vite] : « Il aime tantost et tantost delaisse à amer. »

Tout, du tout [entièrement] : « Il vivoit du tout selon les desirs du corps.... qui semblent du tout en tout bestiaulx. »

Très, faisant pléonasme : « Biens tres principaux... felicité de tous les biens humains est la tres plus eslisible. »

Trop, mis devant plus : « Jugier des melodies de musique est trop plus forte chose que jugier des saveurs. »

Dans les adverbes en *ment*, l'adjectif, conformément à l'étymologie, prend d'ordinaire la marque du féminin : « Absoluement, determineement. »

Emploi des principales prépositions :

A [à, avec, en, pour] : « A parler de tristesce. — Celui [là] juge à droit des operations humaines, qui est sain selon l'ame. — Difference.... du continent et incontinent au perseverant et au mol. — A une parole [en un mot]. — Volenté à repos et en pais [paix]. — Nous prenons à conseilliers gens qui scevent discerner. — Bien taillié à courir. — Celuy qui vit à soy et à ses parens et à ses filz, etc. »

Avant, construit comme un comparatif : « Avant de luy. »

Avec : « Ceste seconde ydée est d'une meisme espece avecques l'autre. »

De [de, avec, par, sur] : « Il jouste d'une lance ferrée et aigüe. — Est expedient que le corps soit gouverné de l'ame. — Ceulx ausquiex la science de politiques appartient ont à considerer de vertu. »

Delès [près de] : « Où ilz paissoient delez le fleuve. »

Devant [avant] : « Et prefere delectacion et l'eslit devant tous autres biens, devant bien honneste et devant bien utile. »

Emprès [près de] : « Un lieu emprès la mer. »

En, avec l'infinitif : « L'avaricieus se delitte [délecte] en garder et assembler richesces excessivement et le fol large [prodigue] en les gaster à superfluité. »

Encontre [en face de] : « Quant le soleil luit encontre un drap vert ou par une voirriere [verrière] verte, les choses opposites semblent estre vertes. »

Environ [autour de] : « Vertu est en ces choses ou environ elles et les regarde. »

Fors [excepté] : « Il n'est noblesce fors de bonnes meurs. »

Jouxte [selon] : « Jouste ce que il fu dit. »

Moyennant : « Moiennant tel mouvement. »

Nonobstant : « Et ce nonobstant il est... . »

Pour : « Estre citoyens pour anciennes honorabletez de lignage ou de richesces. »

Sauf, s'accordant conformément à l'étymologie : « Sauve sa grace. — Salve justice. — Salve sa reverence. — Sauves les coutumes locaus. »

Sur [au-dessus de] : « Et est souvent sur nature humainne commune. »

Sus [sur, par-dessus] : « Il gaignent sus leurs compaignons. — Par sus eulz. »

Vers : « Vertu de sa nature a regart et est vers les passions et operations humainnes. »

Emploi des principales conjonctions :

Ainsi que [à ce point que] : « Telz habiz [habitudes] ne

sont pas voluntaires ainsi que l'en les puisse deposer quant l'en veult. »

Aussi comme se [tout comme si] : « Aussi comme se superhabundance et deffaute corrumpissent la bonté de l'euvre et le moien [juste milieu] la salvast. »

Avant que : « Avant que les habiz soient engendrés. — Se nature cognoissoit l'un avant que l'autre, elle cognoistroit premierement les causes que les effecs. »

Car [que] : « Pour ij causes une est quar tielx biens sont convenables, l'autre cause est quar de tieulx biens est felicité aornée et parée. »

Ce que [si] : « Mais ce que il a desiré telle fin, ce n'est pas en sa pure volonté et puissance. »

Combien que [encore que] : « La fin est principe et premiere en intencion, combien qu'elle soit derreniere en execucion. »

Comme [que, puisque, comment] : « En taut comme elle est utile. — Honneur est un bien plus superficial et n'est pas si vray bien comme celui de quoy est ceste question.—Comme il soit ainsi. — Monstrer à un autre comme champions se doivent combatre. »

Comme que, comment que [de quelque façon que] : « Comme que ce soit par nature ou autrement. — Soit par nature ou autrement, comment que ce soit. »

Contrestant que : « Santé est determinée et bonne non contrestant ou nonobstant que elle reçoit plus et moins et comparcison. »

Devant..... que : « Se les principes ou premisses n'estoient devant cogneus que la conclusion. »

Et, suivi souvent d'une inversion : « L'en fait volentiers les operacions où l'en a delectacion et fuit l'en celles où l'en a tristesce. »

Fors [si ce n'est] : « C'est tres peu de chose et n'est fors comme un umbre [ombre]. — Il ne parle icy fors que de la felicité. »

Ja soit ce que [bien que] : « Ja soit ce que pluseurs sermons et escriptures aient esté composées pour ce monstrer. »

Ne.... ne [ni.... ni] : « Comme l'arbre en yver qui ne porte fueille ne fleur ne fruit. »

Pour, pour ce que : « Il ne se partent ne ne laissent la posture pour estre [par cela qu'ils sont] menaciés ne pour estre batus. — Operations qui ne sont pas manifestement voluntaires, pour ce que il y a meslée ignorance. »

Quand : « Se Jehan faisoit cil tour en alant vers occident et Pierre le feist en alant vers orient, et partissent l'un quant l'autre, et revenissent ou accomplissent l'un quant l'autre, Pierres auroit.... »

Quant : « Quant à soy. — Quant à son objet. — Quant est de.... — A celui qui fiert [frappe] par ire, il li semble, quant à l'eure, que il a droit. — Quant au plus. »

Que, comme aujourd'hui, remplacé par la proposition infinitive ou passé après une première conjonction : « La cause de toutes les differences dessus dittes est que.... — Nous disons felicité estre cestes operations ou une d'icelles. — Ja soit ce que les biens de fortune ont aucune fois mestier [emploi] et s'en aide l'en en aucunes nobles operations, cependant.... — Se un cirurgien fendoit et trenchoit aucun membre pour garir un homme et il le occioit [tuait], alors.... — Se aucun navroit [blessait] ou occioit son propre filz et il cuidast que ce fust son adversaire, en ce cas.... »

Sans ce que [sans que] : « Sans ce qu'il en sache ou sente rien. »

Savoir, à savoir mon, comme aujourd'hui savoir : « Pour ce peut estre question, assavoir mon, se felicité est acquise et causée en homme par aprendre et par doctrine ou par acoustumance ou par exercitation. »

Se [si], se ne [si ce n'est] : Se il a fait. — Vice ou pechié se n'est venial. »

Si très tôt que [sitôt que] : « Si tres tost que la chose est autre que il ne cuidoient ou pensoient. »

Tant comme, tant longuement comme [aussi longtemps que] : « Beneuré tant comme il vit. — Et dure tant longuement comme il sont bons. »

Tant que [jusqu'à ce que] : « Il convendroit [faudrait] lonc temps, tant que il peust estre fait habundant de grans choses et de bonnes. »

Tantôt comme [aussi longtemps que] : « Et tantost comme elle dure, il veulent demourer et convivre ou converser tout le jour ensemble. »

A ces remarques particulières sur les principaux emplois des parties du discours peuvent s'ajouter quelques observations générales.

L'hiatus est très-fréquent dans les manuscrits d'Oresme : ils ne présentent nulle part de *t* euphonique et l'élision y a lieu ou non lieu sans règle. Comment prononçait-on alors le français, c'est ce qu'il est plus facile de conjecturer que de prouver, mais on l'écrivait ainsi :

« Que a il fait? — Comment l'a il batu? — Prouve il encore? — S'il est.... se il est. — Ce a fait le oligarchie.... l'oligarchie. — Elle est belle et pour la entendre.... pour l'entendre. »

L'ellipse, à part celle des articles et des pronoms, est rare dans les ouvrages d'Oresme; l'inversion, au contraire, y est très-fréquente :

« Pour ceulx yci conserver ou garder. — Nous eslisons bonnes œuvres ou males [mauvaises]. — Or seroit ce par aventure chose vaine et pou [peu] profitable. — Donques est il eclipse de lune. — Et sont celles [là] simplement violentes. »

Constructions concises mais peu régulières :

« Ceux qui scevent philosophie moral et comme l'en doit ouvrer pour acquerir vertu. — Et souffist tenir telles choses pour vrayes et que il est ainsi. — Incontinent en boire, ou en mengier ou en femmes. »

Ce genre d'anacoluthe était fort aimé des anciens. Le suivant ne choquait pas le xive siècle :

« Qui scet bien les principes d'une science, c'est grant avantage. — Qui attribueroit et ottroieroit si tres grant bien et si tres bon comme est felicité à fortune, pour certain ce seroit tres grant et tres perilleux mal. »

Constructions concises mais vicieuses :

« Plus distant et plus dissemblable au moien [juste milieu]. — Cognoistre et considerer de l'ame. — Un jour ne un pou [peu] de temps ne fait pas à un homme avoir felicité ne estre heureux. »

Rien de plus fréquent chez Oresme que cette construction de deux adjectifs ou de deux verbes gouvernant deux régimes différents et n'en ayant qu'un. Ce qui ne l'est pas moins, en revanche, c'est enfin la présence de deux expressions ou de deux tournures différentes toutes les fois qu'Oresme a eu quelque doute sur la meilleure manière de dire :

« Bon voiement ou bonne veue. — Une meisme voye ou espace. — Ij malices ou vices. — Felicité a mestier ou besoin des biens..., — Vertus plus durables que ne sont disciplines ou sciences. — Ceste puissance, partie ou appetit, a ij parties. — Elle est adonques bien descripte ou circonscripte. »

II.

Fragments d'un lexique composé d'après les ouvrages français d'Oresme.

Il y a dans les ouvrages qu'Oresme a écrits en français un très-grand nombre de mots qui ne sont pas dans les vocabulaires de la langue qui se parlait en France pendant le moyen âge. Est-ce à dire pour cela que toute expression qui se trouve dans ses ouvrages et qui ne se rencontre pas dans ces vocabulaires lui appartienne en propre ? Assurément non : il ne saurait avoir créé tant de mots, et l'on est encore loin d'avoir recueilli tous ceux qui existaient avant lui. Il y aurait donc lieu de chercher quelles sont parmi les expressions en question celles qui peuvent être de lui et celles qui n'en sont pas. Mais ces recherches, bien que facilitées jusqu'à certain point par ses habitudes de style, ne seraient-elles pas toujours fort téméraires ? Il est plus prudent de ne présenter qu'une liste des plus remarquables de ces mots pour ainsi dire inédits : ce travail laisse moins de place aux conjectures et à l'erreur.

Abominable, adj. « Chose naturelment abhominable. »

Abstinence, s. f. s. « Vivre sobrement avecque abstinence. — Ne faire en rien abstinence de quelconques excès. »

Abusif, adj. « C'est chose abusive. — Faire comparoison abusive de choses qui ne sont pas comparables. »

Actif, adj., action, s. f. s. « Un homme est actif quant est bien besoignant. — Action est operacion. »

Admiratif, adj., admiration, s. f. s. « Le magnanime n'est pas admiratif; il ne fait pas grands admiracions. »

Adulateur, s. m. s., adulation, s. f. s. « Les adulateurs ou flateurs sont honorez en tel pueple. — Par adulacion ou par ignorance. »

Affabilité, s. f. s., affable, adj. « Une vertu qui peut estre appellée affabilité ou amiableté. — Il peut estre appellé amiable ou affable ou agreable. »

Affinité, s. f. s. « Vertu moral semble avoir grant affinité et estre appropriée aus passions. —Musique a à l'ame aussi comme un cousinage et une affinité. »

Agonie, s. f. s., agonisateur, s. m. s., agonisation, s. f. s., agonisement, s. m. s., agoniser, v. n. « Agonie, agonization, agonizement sont une chose laquele est exercitation pour faire les corps agiles et fors. — Puissant es agonizemens luctatis. »

Altération, s. f. s. « Alteration est transmutation d'aucune qualité. »

Altercation, s. f. s. « Que ceste altercation ne soit pas contencieuse, mais que elle soit gracieuse. »

Amation, s. f. s., ameur, s. m. s. « Amation, c'est plaisance, desir, affection et mouvement de l'appetit en aucune chose. —Ami ou ameur de honneur. »

Amphibologique, adj. « Leurs paroles sont aucunes fois doubles, amphibologiques, à deux visaiges. »

Animosité, s. f. s. « Pleins de animosité ou hardiece.— Sans animosité ou sans grant courage. »

Annihilation, s. f. s. « Se anichilacion est possible, creacion de nient est possible. »

Apercevable, adj., apercevance, s. f. s. « Choses plus sensibles et plus appercevables. — Par ce vient souvent sans apercevance [imperceptiblement] une grant transgression. — Ceste appercevance [perception] ou cest sentement. »

Appétible, appétitif, adj. « Telles delectacions sont choses appetibles. — Election est entendement appetitif ou appetit intellectif. — Selon Aristote, cinc puissances ou parties de l'ame sont, c'est assavoir la vegetative, la sensitive, l'appetitive, l'intellective, la motive. »

Arbitrage, s. m. s., arbitration, s. f. s. « En l'arbitrage ou volonté des juges. — Laissié en arbitracion du juge. »

Architecte, s. m. s., architectonique, adj. « Architecton, c'est à dire maistre de l'œuvre en edifier. — Science politique est architectonique, c'est à dire princesse et maistresse sus tout l'edifice des loys et de la policie. »

Aristocratie, s. f. s.; aristocratique, adj., aristocratiser, v. n. « Aristocratie est une espece de policie selon laquelle un petit nombre de personnes ont princey et domination sus la communité. — Aristocratique est chose appartenant à aristocratie. — Aristocratizer est ouvrer et faire selon aristocratie. »

Arithmétique, adj. « Selon arismetique proporcion. — Proporcion arismetique est quant le grant seurmonte ou excede le moien autant comme le moien seurmonte le petit. »

Artifice, s. m. s., artificiel, adj., artificiellement, adv., artificier, v. n., artificieusement, adv. « Artifice [art, métier] mecanique ou servile. — Personnes de divers artifices comme sont un medecin et un laboureur de terres. — Instruments mecaniques et artificiels. — Tout art est vers la generacion ou nouvelle façon d'aucune chose et vers artificier et ouvrer. »

Assignation, s. f. s. « En telles choses n'a pas certainne

diffinition ou certain terme ou assignation de distance jusques à laquele les gens sont amis. »

Atonie, s. f. s. « Athonie ou inhertie. »

Attractif, adj. « Chose qui a en soy vertu attractive. »

Augmentation, s. f. s. « L'augmentacion du cultivement [culte] divin. »

Ausible, adj. « Choses ausibles ou que l'en peut oser. »

Avaricieusement, adv., avaricieux, adj. « Il ne fait pas pour ce avaricieusement. — Cestui en ce faisant doit estre dit luxurieus plus que il ne doit estre dit avariciex ou injuste. »

Banause [mot grec], s. m. s., banausie, s. f. s., banausique, adj. « Tout ouvrier qui fait ordes [sales] operations et villaines, il est appelé bannausus. — Ceux qui sont bannauses ou mercenaires. — Arts bannausiques, operations où l'en soille et enordist son corps, si comme sont vallez de cuisine, tripiers. »

Barbare, barbarin, barbarique, adj. « Barbares, tous ceulz qui sont de estrange langue. — Ou païs des barbarins. — Aucuns barbarins qui bevoient le sanc. — Les loys anciennes estoient jadis tres simples et barbariques, c'est à dire desraisonnables et estranges ou sauvages. »

Bénéfacteur, s. m. s., bénéficier, v. a. « Le benefacteur aime plus le beneficié que le beneficié ne aime le benefacteur. — Beneficier ou faire bien aus autres. — Beneficier autre... estre beneficié d'autre. »

Bénévole, adj. « Citoyens benivoles ou bienvueillans à la policie. — Corps du ciel benivoles ou de bonne influence. »

Bestial [qui vit comme les bêtes], adj., bestialité, s. f. s. « Ceulz qui trop en usent, sont bestiaulz et gens à diffamer. — Mal user de quelconques telz biens, c'est bestialité. — Un qui occist et sacrifia sa mere et en menga...., telles bestialités sont causées par maladies. »

Blandisseur [blandiri], s. m. s. « Blandiseur, adulateur ou flateur. — Ceulz qui sont blandiseurs, humbles et servisbles. »

Calomniation, s. f. s. « Pluseurs calumpnacions et mauvais mouvemens en pourroient venir. »

Caviller [cavillari], v. n. « Aucun pourroit caviller et dire.... »

Certification, s. f. s., certifier, v. n. « Telles raisons ne font pas certification. — Certifier ou tracter de ceste chose. — Il en convient plus certifier. »

Cessation, s. f. s. « La remission ou cessation de tel mouvement ou labour. »

Circonférence, s. f. s. « Aucune extremité ou circonference. — La circonference du cercle. »

Circongiration, s. f. s. « Meues [mues] par circumgiration ou tournement. »

Circulaire, adj., circulairement, adv., circulation, s. f. s., circuler, v. n. « Figure circulaire. — Faire circulation ou estre meu circulairement. — Contraire à la circulation qui commence de A et procede l'autre voie par G et puis par B et revient à A. — L'en peust circuler ou aler tout entour. »

Cithare, s. f. s., citheroleur, citholeur, s. m. s., citholer, v. n. « Cithare, ce est cythole et lira, ce est harpe. — Citheroleur ou jugleur de harpe. — Par citholer l'en devient bon citholeur. »

Coactif, adj., coaction, s. f. s. « La loy a puissance coactive ou contraignant. — Corrigié par coaction ou contrainte. »

Coadjuteur, s. m. s. « Les monarques font aucun leurs coadjuteurs. »

Cogitatif, adj., cogitation, s. f. s. « Vertu [faculté] cogitative et ymaginative. — Operations qui sont faittes par cogitation et deliberation.— Occuper la cogitation et obnubiler l'entendement. »

Cognitif, cognoscitif, adj. « Puissance cognitive.— Puissance cognoscitive. »

Coïncider, v. n. « Coincider en partie et non pas en tout. — Coincider et estre semblable en aucunes choses. »

Colérique [bilieux], adj. « Celui qui est colerique est trop enclin par sa complexion à soy courcier. »

Collection, s. f. s. « Entre la collection des fruis passés et le labeur pour les fruis avenir. — Les collections ou commixtions de toutes les choses dessus dictes. »

Collocution [conversation], s. f. s. « Avoir collocution et compaignie à.... — Inutile à telles collocutions et esbatemens. »

Colloquer, v. a. « Tous ceulz qui sont colloquez et demeurans environ sur la mer. »

Combinaison, s. f. s., combiner, v. a. « De yconomique sont iij parties ou iij combinacions. — Ilz pevent estre combinez ensemble. »

Commensurabilité, s. f. s., commensurable, adj., commensuration, s. f. s. « Commensurableté. — Aussi est ce simplement impossible que le dyametre du quarré soit commensurable à son costé. — Qui excede et passe la commensuration et proporcion qu'il doit avoir. »

Communer, v. n., communication, s. f. s., communiquer, v. n. « C'est forte chose de communer ou communiquer en toutes choses.— La forme et l'estre de cité est une communicacion et la communicacion des citoyens est policie. »

Commutatif, adj., commutation, s. f. s. « Justice commutative et distributive. — Commutation faitte justement. — Commutations occultes. »

Complexion, s. f. s., complexionné, adj. « Se ceulx qui sont inequalz en complexion ou composition de corps avoient equalement de nourrissement et de vestement, ce seroit nuisement à leur corps.—Sain et bien complexionné en corps et vertueux en ame. — Enfans bien complexionnez. »

Compression, s. f. s., comprimer, v. a. « L'element du feu par compression et condempsacion est fait aer ou eaue. — Aer comprimé peut soustenir choses pesantes. »

Concavité, s. f. s. « Ceste concavité ou superfice concave est tres parfettement polie, planée et ouvrée, sans quelcunque aspreté ou endenteure. »

Concentrique, adj. « Tout cercle qui divise son espere en ij moitiés et a son centre ou centre du monde est dit concentrique. »

Concordable, adj., concordablement, adv. « Doctrine plus congrue et plus concordable à la foy catholique. — Que sa femme soit concordable et loyale et propre à lui : concordable en volenté, loyale en operacion, propre sans que elle aime autre charnelment.— Sons concordablement consonans selon les proporcions de musique. »

Concupiscible, adj. « Que l'appetit concupiscible se concorde, conforme et obeisse à raison. »

Condélecter, v. a., condélecter (se), v. r. « Qui met son intencion et son estude en condelecter et complaire à ceulz.... — Et se condelecte mesmement à soy meisme. »

Condensation, s. f. s. « Quant un corps par condempsacion est fait en mendre lieu ou par rarefaction en plus grant lieu. »

Conditionnel, adj., conditionnellement, adv. « Par teles condicioneles supposicions. — Condicionelment. »

Conduisement, s. m. s. « Les loys sont les regles et le conduisement par quoy la policie est gouvernée. »

Confédération, s. f. s. « Avoir confederation et alliances à gens d'autres citez. »

Confictions, s. f. p. « Art de faire pigmens, confictions [confitures] et odeurs. »

Configuration, s. f. s. « Configuracion de parties. »

Conformité, s. f. s. « Ceste conformité ou alliance peut apparoir par un merveilleus signe. »

Confortatif, adj. « Tel son ne est pas corrumpant ne violent, mez est confortatif et vivifiant. »

Conjecturation, s. f. s. « Prudence appellée eustocie, car en grec eu, c'est bon, et stoches, c'est conjecturation. »

Connaissable, adj. « Chose congnoissable. »

Connaturel, adj. « Delectacions plus connatureles à nous. — Chose à laquelle passion est connaturele. »

Connexe, adj., connexion, s. f. s. « Les vertus sont connexes, mais les vices ne sont oncques connexes. — La connexion des vertus. »

Conseillable, adj. « Chose conseillable. »

Conservateur, s. m. s. « Conservateurs ou gardes de la maison. »

Considération, s. f. s. « Cest exemple n'est pas à passer sans consideration. — La consideration ou l'intention ou concevement de l'entendement est autre de homme en espece et de cestui ou de cestui. »

Consiliatif, adj. « Princey consiliatif ou judicatif, auctorité de estre ou conseil des besoignes publiques ou es jugemens. — Prudence consiliative. »

Consomption, s. f. s. « C'est la consumption et le gaast de ceulz qui ne pevent tant despendre [dépenser]. »

Consonnance, s. f. s. « Consonance est acort de pluseurs sons selon certaines proporcions appelées armoniques. »

Consultation, s. f. s. « Celui qui fait consultation, soit bien, soit mal, il fait questions et raisons d'une partie et d'autre. »

Contemptif, adj. « Il est contemptif ou desprisant. — Gens contemptis et despiteux [dédaigneux]. »

Contentieux, adj., contention, s. f. s. « Les autres qui sont mal pensis et convoiteus et contencieus sont enclins à machiner contre les princes. — Contencion qui est ennemie et adversaire à concorde. — Dylecques [de là] viennent et naissent les mellées, contentions et accusations. »

Conterminal, adj. « Democratie n'est pas proprement contraire à ceste policie, mais est prochaine et conterminal ou presque semblable. »

Continent, adj. « Continent, qui refraint ses malvais desirriers. »

Contingent, adj. « Contingent, chose qui peut estre et peut non estre sans necessité. »

Continuation, s. f. s. « Pour la continuation et conservation de humaine espece. »

Contradiction, s. f. s., contradictoire, adj. « Ceci est commencement de contradiction. — La negacion contradictoire. — Car il sunt contradictoires. »

Contrariété, s. f. s. « Contrarieté est distance et toute distance est mesurée par ligne drette comme par la plus briefve. — La contrarieté d'un extreme à l'autre est plus grande que n'est la contrarieté de chascun extreme au moien. — Concave et convexe sont opposites par relacion et non pas par contrarieté. — Les tyrans qui gardent ceste cautele ont moins de contrarietés en leurs choses. »

Contribution, s. f. s. « Quiconques ne povoit payer cest treu [tribut] ou escot ou contribucion, il ne participoit en rien ou princey. »

Contristation, s. f. s., contrister, v. a., contrister (se), v. r. « Par ceste petite contristation. — Contrister celui avec lequel l'en convit [vit] et converse [se trouve]. — Leurs amis se contristent et doulent [plaignent] avecques eulz. »

Conversible, adj., conversiblement, adv., conversif, adj., conversion, s. f. s. « Termes convertibles. — Des termes de ceste matiere aucuns ensievent un l'autre convertiblement. — Cercles appellés tropiques, c'est à dire conversifs. — Les conversions et les mouvemens du solail. »

Convocation, s. f. s. « La convocation du pueple. — Il prent eglise pour convocation ou congregation general du pueple. »

Convoitable, adj., convoiteusement, adv. « Bien convoitable. — Gaing non moins convoiteusement que laidement croissant. »

Coordination, s. f. s. « Les Pithagoriens [Pythagoriciens] mettoient non per en la coordination de bien et per en la coordination de mal. — Ij coordinations de choses. »

Copulatif, adj., copuler, v. a., couple, s. m. s. « Proposition copulative. — A ceste doubte est copulée et prochaine une autre [doubte]. — Le couple charnel des bien jeunes est mauvais à procreation d'enfans. »

Corrompance, corruptèle, s. f. s., corruptible, corruptif, adj., corruption, s. f. s. « Mauvaise coustume n'est pas proprement coustume, mais est corruptele. — Choses corruptibles..... incorruptibles. — Chose juste n'est pas corruptive ou corrumpance de cité. — Nature subjette à corruption. — Par ambition ont esté faittes fraudes, deceptions, faveurs, corruptions et divisions es elections. »

Corrosion, s. f. s. « Le corps seuffre continuelment une maniere de corrosion. »

Cosmographe, s. m. s. « Les anciens cosmografes, c'est à dire ceulz qui ont fait description de la terre habitable. »

Crédulité, s. f. s. « La credulité ou opinion.... Teles credulitez et suspections. »

Cube, s. m. s., cubique, adj. « Appellé cubus ou exacedron [hexaèdre].— Espace remplie de viij cubes.— Nombre solide et cubique. — Figure cubique ou quarrée. »

Cultivateur, s. m. s. « Aus cultiveurs et laboureurs de terre. — Les cultiveurs des terres et les pasteurs. »

Curable, adj., curateur, s. m. s. « Passion curable tant comme par aage comme par povreté. — Curateurs et gardes des choses communes de l'ostel. »

Curvité, s. f. s. « La concavité et la curvité de telle ligne ne sont pas ij choses diverses, mais sont ceste ligne meisme, qui est ditte concave ou resgart de ce qui est dedens et est ditte curve ou convexe ou resgart de ce qui est dehors. »

Déarticulé, part. p. p., déarticulément, adv. — Choses moins dearticulées [détaillées]. — Il bailla ses ordenances plus dearticuléement et plus clerement. »

Débilité, s. f. s., débiliter, v. a. « La faulseté et la debilité des principes. — C'est affoiblir et debiliter la vertu de la loy. »

Défluer [defluere], v. n. « Afin que les membres ne defluent ou soient moins fermes pour la tendreur de eulz. »

Défrauder [defraudare], v. a. « Ne le defraude pas de liberté et ne le laisse pas en povreté. »

Délicativement, adv. « Qui d'enfance nourrit son serf delicativement, il le trouvera après orgueilleux et rebelle. »

Démagogiser, v. n., démagogue, s. m. s. « Demagogiser est faire office ou œuvre de demagoge. — Demagoges, gens qui par adulacion et flaterie meinent les populaires à leur volenté. »

Démocratie, s. f. s., démocratique, adj., démocratiser v. n. « Democratie, espece de policie en laquele la multitude des populaires a domination. — Les policies democratiques sont plus seures et plus durables que ne sont les olygarchiques. — Democratiser, estre en democratie. »

Démonstratif, adj., démonstration, s. f. s., démontrable, adj. « Sillogisme demonstratif et evident. — Raisons evidentes, demonstratives. — Science est par demonstration. — Toutes choses demonstrables. »

Dépaupération, s. f. s., dépaupérer, v. a. « Les tyrans accrurent et multiplierent teles choses et autres exactions à leur propre profit et à la depauperation des subjects. — Par guerre pluseurs sont depauperez. »

Dépopulation, s. f. s. « Pour chascune de ces iij causes puet venir deluge particulier ou depopulation. »

Dérision, s. f. s. « C'est une derision de causer [causari, mettre en cause] et accuser les choses. »

Désenivré, part. p. p. « Quant il est desenyvré ou bien esveillé, et les fumées sont passées et disgerées, adoncques il a ses sens desliés et desempeschiés. »

Déshonneteté, s. f. s. « Incontinence et lubricité ou deshonnesteté. — En aucunes deshonestez. »

Desnaturel, adj., desnaturer (se), v. r. « Chose desnaturele et contraire à bonne policie. — Tel homme.... se desnature et degenere ou forligne. »

Désordonnément, adv. « Mollece refuit desordenéement toute tristece. »

Desplaisable, adj. « Toute mendicité soit pour fortune ou de volenté est un obprobre ou reproche et est triste et desplaisable. »

Despote, s. m. s., despotique, adj., despotiquement, adv. « En grec despotes, c'est seigneur de la chose de laquele il puet dire : ce est mien. — Un fait despotique. — Estre subject despotiquement, c'est à dire servilement. »

Détermination [définition], s. f. s., déterminément, adv. « Ce que aucuns dient que toute ville où il a un evesque est cité et non autre, c'est une determination ou description vulgare et qui n'est pas à propos. — Chascun des citoyens ara mil filz et ne seront pas siens determinéement. »

Diamétral, adj., diamètre, s. m. s. « Une ligne dyametral ou bièse [en biais]. — La moitié du dyametre qui part du centre est appelée semi-dyametre. »

Diffamable, adj., diffamer, v. a. « Pour ce est le vice de desattemprance plus reprouvable et plus diffamable que le vice de paour ou couardie. — Diffamer pecunes ou richesses. — Ceulz qui sont notez et diffamez d'aucun vice ou crime. »

Dignifier, v. a., dignifier (se), v. r. « Nous dignifions et reputons dignes de honneurs. — Le magnanime se dignifie de grans choses et en est digne. »

Dionysiaques, s. f. pl. « Les Dyonisialz, c'estoit ce que l'en appele à Paris les gieux où l'en fait dictiez et rimes et aucunes foiz on se met en diverses figures. »

Discipliner, v. a. « Enseigner et discipliner les enfans. »

Discontinu, adj., discontinuation, s. f. s. « Proportionalité discontinue. — L'un après l'autre sans discontinuacion. »

Disconvénient, adj. « Tele povreté est disconveniente à dignité sacerdotal. »

Discordance, s. f. s. « Une vraye doctrine n'a pas en soy de contrarieté, mès en la fausse [il y] a souvent descordance. »

Discrédence, s. f. s., discroire, v. a. « Pour la diffidence ou la discredence que les princes ont ou pueple ou du pueple. — Pour la discredence des princes qui ne se confient pas les uns es autres. — Chose tyrannique ou de tyrant est discroire ou non croire ses amis. »

Dispensateur, s. m. s., dispensatif, adj. « Les dispensateurs et ordeneurs [ordonnateurs] de la policie. — Princé dispensatif. »

Dissécation, s. f. s. « Nulles conturbations ne dissecations ou depiecemens ou divisions de policies. »

Dissimilité, dissimilitude, s. f. s. « Quant ceste contrariété ou dissimilité est naturelment et selon meurs bien proporcionnée. — Dissimilitude est cause de division. — Après il met dissimilitude entre prudence et entendement. »

Dissoluble, adj., dissolution, s. f. s. « Telles amistiés sont legierement dissolubles et de legier deffailtes. — Chascun des corps où ceste dissolution se arreste est indivisible. — L'en y mengoit et buvoit à excès et y faisoit l'en pluseurs dissolucions. »

Distributeur, s. m. s., distributif, adj., distribution, s. f. s. « Dieu qui est roy des roys et distributeur des royaumes. — Princé distributif. — La distribution des honorabletez ou benefices. »

Diversification, diversité, s. f. s. « Selon la diversification de la reflexion de lumiere causée de l'aer ou d'aucunes vapeurs. — Toute diversité et difference et dissimilité semble estre dissencion, discorde et separation. »

Divisible, adj. « Se le temps fini estoit compost [composé] de mouvemens indivisibles, il convendroit que le temps divisible eust proporcion au temps indivisible. »

Dominatif, adj., domination, s. f. s. « Droit dominatif. — Concupiscence aura dominacion et seigneurie par dessus raison. — La mutation des dominations et majestez du monde. »

Droiturièrement, adv. « Il juge droitturierement de toutes choses. »

Duration [durée], s. f. s. « Quant à sa duracion. — Des duracions des choses aucune est successive. »

Économe, s. m. s., économie ou économique, s. f. s. « Yconome, celui qui ordene et dispense les choses appartenans à un hostel ou à une maison. — Yconomie ou yconomique, maniere de gouverner un hostel et les appartenances. »

« Édification, s. f. s., édifice, édifieur, s. m. s. « En une edificacion sont requises ij manieres de gens. — Les edifices et les habitacions. — Par bien edificier l'en devient bon edifieur et par mal edifier l'en est fait malvais edifieur. »

Efficient, adj. « Cause principal, efficiente et final. »

Électeur, s. m. s., électif, adj. « Les electeurs sont les populaires et les esleus sont gens notables. — Vertu est habit electif [habitude réfléchie]. — Justice est un habit par lequel ceulz qui l'ont sont faiz electis et operatifs de ce qui est equal [équitable]. »

Embryon, s. m. s. « Embrion est une masse qui est ou ventre de la mere. »

Émolument, s. m. s. « Ilz prennent grant emolument pour estre es jugemens. »

Enfancible [d'enfant], adj. « Œuvre enfancible. — Pechiés enfancibles. — Deffautes enfancibles. »

Énormité, s. f. s. « Pour enormité de grandeur ou quantité de corps demesurée. »

Entoxiquer [in, toxicum], v. a. « Quant les Atheniens orent entoxiqué et fait morir Socrates. »

Entrefourcher (s'), v. r. « Les ij colures s'entreforchent ou intersèquent en crois en chascun des poles du monde. »

Envieillissement, s. m. s. « Aussi comme la vertu du corps envieillist, aussi envieillist la vertu de la pensée.... cest envieillissement à venir.... ».

Éphore, s. m. s., éphorie, s. f. s. « Ces princes effores ont la maistrise et la puissance des grans jugemens. — Cestuy princey appelé efforie maintenoit la policie en estat. »

Épilogue, s. m. s. « Il fait son epylogue ou il recapitule. »

Équidistant, adj. « Un cercle equidistant de ces ij poles. — Lignes equidistantes de l'equinocial. »

Équipollent, s. m. s. « La moitié du zodiaque, ce sont vj signes ou l'equipolent [l'équivalent] ne plus ne moins. »

Équivocation, s. f. s. « Le pié n'est pié ne la main n'est main fors par equivocation et par similitude. — Par equivocation l'en appelle clef un membre qui est au col d'une beste et appelle l'en clef ce à quoy l'en ferme les huis. »

Esbouillir [ebullire], v. n. « Chascune de ses deux narines par lesquelles l'en veoit le sanc esboulir. »

Estimation, s. f. s. « Selon l'estimacion de la diminucion. — L'estimacion que il a de sa dignité. »

Évader [evadere], v. a. et v. n. « Evader et eschaper du peril. — Pour les evader sont ij opinions. — Esperance d'eschaper ou evader. »

Évertir [evertere], v. a. « Afin que les princes ne evertissent et muent aristocratie en olygarchie. »

Exacteur, s. m. s., exaction, s. f. s. « Les droiz de vray roy ne sont pas exactions ne les bons roys ne sont pas exacteurs. — Tirant regarde lesquels de ses gens scevent mieulz trouver exactions. »

Excédence, s. f. s., excéder, v. a. et v. n. « Tele excedence ou excellence. — Les espis qui excedoient et passoient les autres. — Qui excede les autres en l'œuvre. — Vertu est entre exceder et defaillir. »

Excellemment, adv. « Priamus excellemment aorné de filz et de filles. »

Excentrique, adj. « Tout cercle qui divise l'espere en ij moitiés et ne a pas son centre ou centre du monde est appellé excentrique. »

Excusable, adj., excusation, s. f. s. « Pechié excusable et venial. — Il y chiet misericorde et pardon ou excusation. — Par regratiations ou par excusations. »

Exécuteur, s. m. s., exécution, s. f. s. « Ilz estoient executeurs des punicions. — L'oportunité de faire l'execution. »

Exercitatif, adj., exercitation, s. f. s., exercite, exercitement, s. m. s., exerciter, v. a., exerciter (s'), v. r. « Discipline exercitative et gymnastique. — Celui qui endoctrine les enfans en aucune exercitation. — Pour les esbatemens et exercites. — Legiers exercitemens. — Qui n'estoient pas exercitez. — Art de eulz [s'] exerciter corporelment. »

Exhalaison, s. f. s. « Les vapeurs ou exhalacions qui sunt entre nous et le solail. »

Exhortation, s. f. s. « Se sermons, persuasions ou exhortacions souffisoient pour faire les gens vertueus.... »

Expédient, adj., expédient, s. m. s., expédier, v. a. « Ordenances justes et expedientes [utiles]. — Pour le commun expedient [avantage]. — Un seul ne pourroit entendre ne bien delivrer ou expedier toutes les causes et les controversies d'un grant pueple. »

Expositeur, s. m. s., exposition, s. f. s. « Les expositeurs [commentateurs] parlent autrement. — C'est leur exposition [explication]. »

Exquisiteur, s. m. s., exquisition, s. f. s. « Aucuns les appellent correcteurs, les autres exquisiteurs. — Des exquisitions ou enquestes. »

Extase, s. f. s. « Cavernes ou fosses dont vent issoit tel que il perturboit les sens des approchans et les mettoient aussi comme en extasie. »

Extension, s. f. s. « L'eternité de Dieu est sans succession et son immensité sans extension. — Avoir mesure en son extension. »

Extirper, v. a. « Telz divins [devins] ont esté tousjours reprouvez et condempnez et extirpez de toutes bonnes policies. »

Extorquer, v. a., extorsion, s. f. s. « Aucuns tyrans extorquent et trayent pecunes des populaires. — Il faisoient sur le pueple grans extorsions. »

Extrémité, s. f. s. « Entre ces ij termes ou extremitez [il y] a grant latitude et grant distance. »

Facteur, s. m. s., factible, factif, adj., faction, s. f. s., faisable, adj., faiseresse, s. f. s., faiseur, s. m. s., faisisible, adj. « Avec aucuns, ses facteurs [agents], qui opprimoient le pueple. — Chose factible [faisable]. — Instrument factif est par quoy est faite aucune chose. — Faction ou operation de melodies. — Chose non faisable. — Elle puet estre ditte faiseresse de filz [fileuse]. — Encore n'est il pas faiseur de telles operations. — Choses ouvrables ou faisibles. »

Familiarité, s. f. s., familier, adj., familièrement, adv. « C'est grant peril à simples gens d'avoir familiarité avec telz divinemens [devinements]. — Le bien publique est meilleur que le bien familiaire. — A parler familiairement de nostre policie. »

Fantaisie, s. f. s., fantastique, adj. « Il entent par fantasie apprehension ou cognoissance sensitive des choses presentes. — Les choses de mathematiques sont cogneues par abstraction, ymagination et phantasie. — Fantasie ou apparance. — Les fantasies des songes. — Choses fantastiques. »

Fiction, s. f. s. « Fiction est quant l'en veult faire apparoir fausseté comme se ce fust verité. — Une fiction poetique. »

Figurable, figuratif, adj., figuralement, adv., figuration, s. f. s. « Corps figurable indifferentement de quelconque figure. — Sens mystique ou figuratif. — Figuralment, c'est assavoir grossement, sans grant subtilité. — Ceste description ou figuracion. »

Fluctuation, s. f. s., fluer, v. n. « Sunt en eaue aucunez fluctuacions sensiblez à cause de vens. — L'eaue s'en va et flue. — Humeur corrompue qui flue ou descent aux yex. »

Formel, adj., formellement, adv. « Cause formel, cause final. — Differences formeles. — Et ne est pas le ciel chaut formelment, mès seulement en vertu. »

Fragile, adj., fragilité, s. f. s. « Se il redonde [revient] as mors [morts] aucune chose pour les fortunes de leurs amis vivans, soit bien, soit mal, cette chose semble estre fragile et petite. — Aucunes negligences que elle fait pour la fragilité du sexe. »

Fraternités, s. f. pl. « Fraternitez es sacres [sacrifices] estoient comme sont les confraries que l'en fait en l'honneur des sains. »

Frauduleusement, adv., frauduleux, adj. « Faire injures et injustices frauduleusement. — Marchiés frauduleux. »

Fréquentation, s. f. s., fréquenter, v. a. « Par usage et frequentation de mer. — Il a ces choses frequentées [pratiquées] tant que il est devenu fort de corps. »

Frétillement, frétillis, s. m. s. « Aucuns qui auroient paour de mouvement ou de fretillement de ras ou de souris. — Avoir paour du son ou du fretilleis des souris. »

Fugible, adj. « Tristesse est fugible et deplaist. »

Fumosité, s. f. s. « Pour les fumosités et bruillas [brouillards] l'en ne veoit les rochiers, et les grans undes sont tempestueuses et perilleuses. »

Gagneur, s. m. s. « Et pour ce sont ils villains gaingneurs et gaingnent laidement. »

Gardeur, s. m. s. « Le liberal n'est pas gardeur de richesces. »

Générable, génératif, adj. « Generable est dit de ce qui n'est pas et qui est possible. — En bonne puissance generative. »

Gresle, gresleresse [gracilis], adj. « Une grelle ligne. — L'equinocial est aussi comme la droitte et gresleresse ceinture du monde ou du ciel. »

Gubernation, s. f. s. « Nature humaine se doit conformer en son gouvernement à la gubernacion du ciel. — Quant au princey et gubernacion de la policie. »

Guérissable, adj. « Le desattrempe est non guerissable ou incurable et l'incontinent est guerissable. »

Gymnastique, adj., gymnastique, s. f. s. « Travaillemens gymnastiques. — Gymnastique, maniere de luite [lutte] pour exerciter son corps en force ou en vitesce. »

Gyration [gyratio], s. f. s., gyrer, v. a. « La velocité de la gyracion ou revolucion du ciel. — En choses tellement tournées et girées se traient tousjours au milieu les plus pesantes par tele giracion. »

Habile, adj., habilité, habitude, s. f. s. « Le habitude ou disposicion des enfans est bien apte ou bien habile pour.... — Il va hors de bonne habitude ou habilité de corps. — Force corporele ou aucune habilité. »

Harmonie, s. f. s., harmonique, adj. « Armonie, ce est à dire sons melodieus et consonans. — La nature des armonies ou melodies est differente. — Voix armonique, ce est à dire consonante et melodieuse. »

Héroïque, adj., héros, s. m. s. « Vertu heroyque et divine. — Gens heroyques, tres excellens en vertu et en biens. — Temps heroyques. — Heros, telz sont comme diex ou anges. »

Historiographe, s. m. s. « Justin et les autres hystoriographes. »

Honorabilité, s. f. s. « Honorableté est honestement gouverner sa chose familiaire et tenir estat, et pour ce ceulz qui tiennent grant estat et le pevent faire sont de la grant honorableté. — Pluseurs qui sont de petite honorableté. — Les grans honorabletez doivent estre distribuées aus tres bons et aus tres excellens. — Distribution et ordenances d'aucunes possessions et de aucunes honorabletez publiques. »

Humeur, s. m. s. « Un humeur de broez [brouet] et lecheur prioit aus diex et souhaidoit que il eust la gorge plus longue que le col d'une grue. »

Humidité, s. f. s. « Celle moisteur ou humidité est gastée et consumée par l'excès de la chaleur. »

Idiot, s. m. s. « Les ydiotes ou ignorans. — Par gens ydiotes et sans science. »

Illégal, adj., illégalité, s. f. s. « Celui est illegal qui ne garde pas les loys establies. — Chose illegale. — Ce est illegalité. »

Illibéral, adj., illibéralité, s. f. s. « Plein d'avarice et illiberal. — Prodigalité et illiberalité sont vices vers pecunes. — Illiberalité est appellée avarice. »

Illumination, s. f. s., illuminer, v. a. et v. n. « Vision et illumination sont faiz sodainnement. — La lune est illuminée du solail. — Un feu peut eschauffer et illuminer. »

Imagination, s. f. s. « Posé par ymagination que tout le ciel.... — Et sont aussi comme ymaginations qui ne se pevent pratiquer. — Ilz se deffient les uns des autres sans cause par mauvaises ymaginations et par fausses suspicions ou par mauvaises suggestions. »

Immobile, adj., immobilité, s. f. s. « En tel endroit ou tel point immobile. — La parèsce et immobilité des corps. »

Immouvable, immuable, adj. « Vertu ferme et immouvable et non pas de legier variable. — Chose immuable et non variable. »

Impassibilité, s. f. s., impassible, adj. « Pour ce disoient aucuns que les vertus sont impassibilités et repos. — La discipline les doit tous faire impassibles. — Parties inalterables et impassibles. »

Impétuosité, s. f. s. « Pesanteur qui croit en descendant, cette qualité peut estre appellée impetuosité. — Toute petulance ou impetuosité. — Appaiser le mouvement et la impetueuseté de ire. »

Impossibilité, impotence, s. f. s. « Que les subjects aient impossibilité ou impotence aus negoces. — Pour les difficultez et impossibilitez dessus mises. — Virginité par impotence de nature. »

Impulsion, s. f. s. « Endurer pluseurs hurs [heurts] et impulsions. »

Incivil, adj. « Puet un homme estre incivil pour la sauvageté de sa nature ou pour malvaise acoustumance. —

Quant aucun tent à estre incivil par malice, il est ramené à civilité naturele par justice. »

Incombustible, adj. « Matiere incombustible et qui ne porroit ardoir. »

Incommensurabilité, s. f. s., incommensurable, adj. « Pour l'incommensurableté dessus dite. — Le dyametre et le costé d'une figure quarrée sont incommensurables. »

Incongrûment, adv. « Incongruement et improprement. »

Incontinent, adj. « Celui est incontinent qui a malvaises affections et temptations de concupiscence et ensuit ses desiriers. »

Inconvénient, adj., inconvénient, s. m. s., inconvenientement, adv. « C'est inconvenient. — Il s'ensuit inconvenient. — Se excuser inconvenientement et indeument. »

Incrépation, s. f. s. « Increpation ou reproche. — Les increpations, blasmes et reproches. »

Incurable, adj. « Maladie continue et incurable. — Vice incurable. — Gens incurables et incorrigibles. »

Indivisible, adj. « Indivisible, immateriel, impassible et immortel. »

Induction, s. f. s. « Cogneuz par induction. Gl. — Induction est quant de pluseurs particuliers l'en conclut universelment. »

Industrie, s. f. s. « Une mauvaise nef requiert plus grant industrie à estre menée que ne fait une bonne. — Il ont en culz aucunes industries profitables au conseil. »

Inébriatif, adj. « Armonies inebriatives ou enyvrans. »

Inégalité, s. f. s. « Tele inequalité est desordenée et immoderée. »

Inestimable, adj. « L'isnelté du ciel est merveilleusement et excessivement grande et ainsi comme inopinable et inextimable. »

Ingénérable, adj. « Dieu le pere ingenerable. — Choses ingenerables et generables. »

Inhabile, adj., inhabilité, s. f. s., inhabiliter, v. a. « Inhabile à bonnes œuvres exercer. — Pluseurs causes de inhabilité à dignité sacerdotale. -- Pluseurs teles inhabilitez. — On les doit inhabiliter ou priver de office honorable. »

Inirascible, adj., inirascibilité, s. f. s. « Celui qui defaut en ire est appelé inirascible. — Le vice qui est en defaillant en ire est nommé inirascibilité. »

Injusteté, injustification, s. f. s. « Injusteté souffrir et injusteté faire. -- Injustification est faire ou souffrir chose injuste. — Il monstre par quelles injustifications un homme est injuste. — Toutes les autres injustifications ou malvaises operations.... »

Inobédience, s. f. s., inobédient, adj. « Inobedience destruit tele amistié. — Ceulz qui sont inobediens et desobeissans à raison. »

Inquisition, s. f. s. « Inquisition ou solution superficial. — Qui n'ont inquisition de tele verité. »

Insensible, adj., insensibilité, s. f. s. « Mouvement insensible. — Gens insensibles. — Intemperance est plus contraire à temperance que elle n'est contraire à insensibilité. »

Institution, s. f. s. « L'institution des princez. -- Toutes les institutions ou estatuz tyranniques. — A tele democratie sont convenables teles institutions ou ordenances. »

Insuffisance, s. f. s. « Après il declare l'insuffisance des uns et des autres à mettre les loys. — Il monstre l'insuffisance de ceulz que.... »

Insurrection, s. f. s. « Qui establi et fabrica une insurrection ou sedicion contre les Spartiates. — Insurrections, esmeutes ou conspiracions. »

Intellectif, intellectuel, adj. « Il est intellectif ou de bon entendement. — La partie intellective doit commander et la partie sensitive doit obeir. — Vertus [facultés] intellectueles. »

Intension [intensité], s. f. s. « Il conviendroit que son mouvement eust intension et efforcement ou accressement de isnelté. »

Interminable, adj. « Difficultés innombrables et plaiz [procès] ou controversies interminables. »

Intolérable, adj. « Accusations innombrables et intollerables. »

Intransmuable, adj. « Amistié intransmuable et non variable. — Choses pardurables sunt intransmuables selon leur essence. »

Invasion, s. f. s. « Faire invasions et emprises contre les monarches. »

Invéréconde [inverecundia], s. f. s., invérécondeux, adj. « Inverecunde est mauvaise chose. — Qui de rien n'a vergonde, il est appellé invergondeus. »

Irascible, adj. « La puissance irascible par quoy l'en a ire et appetit de vengence. »

Ironie, s. f. s. « Yronie est quant l'en dit une chose par quoy l'en veult donner à entendre le contraire. »

Irraisonnable, irrationnel, adj. « De l'ame, une partie ou puissance est irraisonnable ou sans raison. — Gens irraisonnables ou qui ne usent de raison. — Proportions irrationeles. »

Irrégularité, s. f. s., irrégulier, adj., irrégulièrement, adv. « Inequalité et irregularité de possessions. — Sans tourner en irregularité. — Non pas irreguliere ne excessive. — Irregulairement. »

Isnelement [isnel, de l'allemand schnell, rapide, d'où isnelté, rapidité], adv. « Croistre isnelement. »

Judicatif, adj. « Puissance cognoscitive et judicative. — Astrologie judicative. »

Juridiction, s. f. s. « Tenir sa jurisdicion. — Avoir la cognoissance ou jurisdicion de quelconques altercacions ou controversies. »

Juste, s. m. s., justeté, justification, s. f. s. « Le juste legal ou droit positif. — Le juste paternel. — Les justes ou droits naturels et legalz. — Il y a peu de justeté ou de justice. — Par ce appert par quelles justifications un homme doye estre dit juste. »

Laborieusement, adv. « Richesces acquises laboureusement. »

Légal, adj., législateur, s. m. s., législatif, adj., législation, s. f. s. « Un homme est dit légal qui garde les loys. — Chose legale. — Legislateur ou ordeneur de la policie. — Ce appartient à veoir à la legislative, c'est à dire à la science du legislateur. — Nuisible à bonne legislation. »

Libéral, adj., libéralement, adv., libéralité, s. f. s. « L'avaricieus dit que le liberal est trop large et celui qui est trop large dit que le liberal est avaricieus. — Donner liberalment. — Vertu de liberalité. »

Limitation, s. f. s., limiter, v. a. « Ce terme et ceste limitation. — Un territoire limité. — La puissance de tel roy est estroitement limitée. »

Local, adj. « Tout mouvement local est mesuré par aucun espace ou ligne laquele descript la chose meue par tel mouvement. »

Longitude, s. f. s. « La longueur ou longitude est en

precedant de orient en occident, et la latitude ou le ley en precedant de midi vers septentrion. »

Lucratif, adj. « Negoce lucratif. — Que les princes ne soient pas lucratifs. »

Machinatif, adj., machine, s. f. s. « Il n'est pas machinatif ne convoiteux. — La machine corporele ou la masse de tous lez corps du monde. »

Magnanime, adj., magnanimité, s. f. s. « Homme magnanime. — Vertu de magnanimité. »

Magnificence, s. f. s. « Les cielz nous monstrent la magnificence de Dieu. »

Malicieusement, adv., malicieuseté, s. f. s. « Agir malicieusement. — Conseiller à malvaise fin n'est pas prudence, mais est astuce, cautele et malicieuseté. »

Malignité, s. f. s. « Pour la felonnie et malignité de leur courage qui est tres grant. »

Mansuet, adj., mansuétude, s. f. s. « Il est mansuet ou debonnaire, et sa vertu nous l'appelons mansuetude ou debonnaireté. »

Mathématique, adj. « Mesure mathematique ou precise. — Sciences mathematiques. »

Mécanique, adj. « Artifice [art] mecanique ou servile. — Les juges, les chevaliers, les mecaniques [artisans].... »

Mêlément, adv. « Estre mixtes ou mesléement des uns et des autres. »

Mélodie, s. f. s., mélodieux, adj., mélodiser, v. a. « Melodie est concorde de sons, en les variant l'un après l'autre par succession de temps. — Voix melodieuse. — Musique bien melodizée. »

Mémoratif, adj. « Il n'est pas memoratif de mal. — Sans aide de la vertu memorative qui se recorde. »

Mercenaire, s. m. s. et adj. « Mercenaires qui labourent

pour loyer comme sont recouvreurs de maisons, vignerons et teles gens. — OEuvre mercenaire. »

Mesurable, adj., mesureur, s. m. s. « Les pechiez ne sont pas mesurables ensemble. — Les mesureurs. »

Métaphore, s. f. s., métaphorique, adj. « Par methaphore ou par similitude. — Il determine d'une justice improprement dite et methaphorique. »

Métaphysicien, s. m. s., métaphysique, adj. « Le methafisicien argue contre ceulz qui noient [nient] ses principes. — Science methafisique. »

Meuf, s. m. s. « Musique ou armonie selon tel meuf [mode]. — Meuf doriste [dorien], frigiste [phrygien], etc. »

Ministration, s. f. s. « Il scevent faire leur ministration et leur service. — Telles ministrations sont faites en peu de temps. »

Mixte, adj., mixtion, s. f. s., mixtionner, v. a. « Policie mixte. — Mixtion de farine et de sablon. — Masse mixtionnée de pluseurs metalz. »

Molestation, s. f. s., molester, v. a. « Avoir repos sans molestacion. — Il font molestacions. — Soustenir les molestacions de ses voisins. — Les povres molestoient les riches. — Le pueple est molesté par eulz. »

Monarchie, s. f. s., monarque, s. m. s. « Monarchie, policie ou princey que tient un seul. — Monarche, celui qui un seul tient le souverain princey. »

Monopole, s. m. s. « Quant un tout seul vent aucunes choses en une cité ou pays, c'est monopole. — Faire monopole d'aucunes choses vendables. »

Mœurs, s. f. pl., moral, adj., moralité, s. f. s. « En françois ces mos meurs et moral ne sont pas en usage commun. — En moralité, c'est un principe que non faire adultere. »

Motif, adj., motif, s. m. s., motion, s. f. s. « Principe motif. — La cause motive est en nous meisme. — Qualités motives. — Il met pour les riches ij motis. — Toute motion est hastive ou tardive. »

Moyenneresse, adj. f., moyen, s. m. s., moyenner, v. n. « Vertus sont moienneresses ou moiennes ou en moien.— Vertu est en moien [juste milieu, moyen terme]. — Eslire arbitres ou prendre un moyen [intermédiaire]. — Bonne fin et moiens utiles à la fin. »

Multiplication, s. f. s. « Multiplication excessive d'enfans. »

Murmure, s. m. s. « Occasion de murmure ou de rebellion. »

Nadir, s. m. s. « Celui point opposite du solail est appellé le nadoir. »

Narration, s. f. s. « Se delitter en racontemens et en narrations de choses utiles. »

Négociateur, s. m. s., négociation, s. f. s., négocier, v. n. « Negociateurs [négociants] et marcheans [marchands].— Negociation, gaaing par marchandise. — Occasion de negocier et marcheander. »

Notifier, v. a. « Notefier les lieus et les distances des planetes. — Par elles sont notefiées ces qualitez. »

Nuisible, adj. « Chose nuisible. »

Objection, s. f. s. « Il met.... il oste une objection. »

Objet, s. m. s. « Object est la chose vers laquele est la puissance active ou passive ou l'operation. — Coleur est object de voiement ou de vision, saveur est object de goust ou de gouster, et chaleur et froideur sont object de touchement. »

Obligation, s. f. s., obligatoire, adj. « Obligation legal. — Obligation moral. — Loy obligatoire. »

Obliquité, s. f. s. « Aucuns signes lievent droit et les autres obliquement, tant pour l'obliquité ou pour le biez du zodiaque que l'obliquité de l'orizon. »

Odorer [odorari], v. a. « Veoir, oyr et odorer. — Le cheval odore et sent la bataille de loing. »

Oiement, s. m. s. « As premiers oyemens ou à premieres audicions. »

Oisiveté, s. f. s. « Oysiveté est mal. »

Oligarchie, s. f. s., oligarchique, adj., oligarchiser, v. n. « Olygarchie, policie en laquele un petit nombre de gens ont princié et seignorie. — Policie olygarchique. — Olygarchiser, maintenir ou enforcier olygarchie. »

Onéreux [à charge], adj. « Homme honereus et malgracieus. — Delectation honereuse, ennuyeuse aus bons. »

Opérateur, s. m. s., opération, s. f. s., opératif, adj. « De serfs sont ij especes, le curateur et le operateur. Tels sont operateurs [artisans] et font les œuvres serviles. — Mauvaise operation. — Ire est plus souvent operative et œuvre plus que ne fait hayne. — Il est operatif et faiseur de justes œuvres. »

Oppression, s. f. s., opprimer, v. a. « Pour tres grieves oppressions que l'en li fait. — Pueple opprimé. »

Ordonnable, adj. « Choses mal ordenables aus vertuz morales. »

Ouvrable [operari], adj. « Choses ouvrables ou faisibles. »

Pallier, v. a. « Pour pallier leur mal entente [mauvaise intention], ilz font aucunes choses honorables. »

Parcontrédire, v. n. « Demonstraison pure, mathematique, à laquelle nul ne pourroit parcontredire. »

Partible, adj., participation, s. f. s., participer, v. n., particularité, s. f. s., particulièrement, adv., partiel, adj., partiellement, adv., partir [partiri], v. a., partition, s. f. s. « Choses partibles. — Avoir participation à.... — En teles assemblées tous ceulz qui ont honorableté determinée par les loys participent es deliberations. — L'en ne pourroit en tele matiere tout dire ne tout declarer par raison pour les particularitez qui aviennent et qui eschièent. — Il a apris pluseurs particularitez que le capitaine ou principal d'un ost ne doit pas ignorer. — Savoir particulierement [article par article] les comptes des mises [dépenses] et receptes. — Volenté parcial. — Vertuz parciales. — Parcialement.... par parties. — Ton empire biparti, c'est à dire party en deux. — Partir les possessions. — En divisant et partant les heritages par porcions equales. — Faire tele partition. »

Parvificence, s. f. s. « Parvificence ou regart de magnificence est comme illiberalité ou regart de liberalité. »

Passement, s. m. s. « Toute delectation est generacion, c'est à dire flus et passement de aucune chose sensible en nostre nature. »

Passible, passif, adj. « La superficie de l'aer est passible et serve. — Nous sommes passibles des passions. — Passif est chose qui seuffre. »

Pécuniaire, adj., pécuniative, s. f. s., pécunieux, adj. « Peine pecuniaire. — Pecuniative, art de acquerir pecune. — Homme pecunieux. »

Pénétrable, adj., pénétration, s. f. s. « Cité de legier [facilement] penetrable [accessible]. — C'est impossible que pluseurs corps soient en un lieu, car ce seroit penetration de dimencions. »

Perception, s. f. s. « La perception des fruiz et le labeur ne sont pas equalz. »

Percussion, s. f. s. « La percussion ou confrication ne font pas grant eschauffement ou calefaction. »

Période, s. f. s. « Peryode est le temps et la mesure de la duracion d'une chose. »

Permanence, s. f. s. « La permanence et duracion des policies. »

Pernicieux, adj. « Hommes pernicieus et cruelz contre le pueple, felons contre la deité, injustes contre les loys humaines. »

Perpétuité, s. f. s. « La duracion qui est sans commencement et sans fin est proprement dite perpetuité. — Donner à perpetuité. »

Perplexité, s. f. s. « Perplexité ou doubte. — De ij malz en cas de perplexité l'en doit eslire le mendre. »

Persécuteur, s. m. s. « Il ne leur plaisoit pas que leurs persecuteurs pechassent. »

Persévérant, adj., persévéramment, adv. « Hommes constans et perseverans. — Fermement et perseveramment. »

Perversité, s. f. s. « Pour perversité de nature. — Hommes qui sont en leurs pensées et intencions corrumpues prestz à toutes frauldes et perversitez tyranniques. »

Pesanteur, s. f. s. « Repos et pesanteur sont diz privation de legiereté et de mouvement. »

Plénitude, s. f. s. « Ilz attribuent aus princes plenitude de puissance. »

Pluralité, s. f. s. « Pluralité de princez n'est pas bonne. »

Police, s. f. s., politique, adj., politiser, v. n. « Policie est l'ordenance du gouvernement de toute la communité ou multitude civile. — Politique, chose appartenant à policie. — Politizer, c'est entendre au gouvernement de la policie. — Politizer et gouverner bien ou mal. »

Pompeux, adj. « Hommes pompeus et en faiz et en diz. »

Positif, adj., position, s. f. s. « Loys humaines positives. — Avoir la position et assiete de la cité à souhait. »

Possesseur, s. m. s. « La chose possisse [possédée] ou regart du possesseur est aussi comme la partie est ou regart de son tout. »

Possibilité, s. f. s., possible, adj. « La utilité et la possibilité de cecy appert par.... — Chose possible à avoir. »

Potentat, s. m. s. « Potentat est quant le prince ou princes se attribuent pleine puissance. — User de pleine poeste, c'est potentat. »

Praticien, s. m. s., pratique, adj. ou s. f. s. « Homme praticien et operatif. — Sages speculatis et praticiens. — Aucun medecin est praticien et ne scet pas la speculative [théorie]. — Science ou art pratique. — Celui qui scet la pratique et la speculative. »

Préambule, s. m. s. « Il met un preambule pour le quart [quatrième enseignement]. — Il a mis trois preambules. — Comme preambules ou disposicions aus conversacions [sociétés] que les enfans auront ou temps à venir. »

Prédécesseur, s. m. s. « Chose bien ditte par nos progeniteurs et predecesseurs. »

Préfet, s. m. s. « Les prefects du pueple.... Telz prefects sont aucuns complices et ministres du tyrant. »

Préjudice, s. m. s., préjudiciable, adj., préjudicier, v. n. « Election nouvelle ne feroit à nul prejudice. — Ordenance prejudiciable à la communité. — Prendre gaing par mutacion de monnoie prejudicie à toute la royale posterité. »

Préméditation, s. f. s. « Les choses qui sont faittes par ire ne sont pas jugiées estre faittes par previdence ou premeditation. »

Prérogative, s. f. s. « Il a sur eulz une prerogative naturele. — Especial prerogative. »

Présomption, s. f. s., présomptueux, adj. « Signe de grande folie ou de grande presumption. — Celui qui superhabunde en magnanimité est appellé fumeux et presumptueus. »

Présupposer, v. a. « Election presuppose conseil. — Chose presupposée. »

Prétoire, s. m. s., prétorien, adj. « Pretoire, c'est la court ou les causes sont terminées, si comme parlement ou l'eschequier. — Telz officiers et juges pretoriens estoient esleus par sort. »

Prévaricateur, s. m. s. « Juge prevaricateur. »

Prévision, s. m. s. « Loy indiscretement mise et faitte sans prevision. »

Princé [principatus], s. m. s., principalité, s. f. s. « Par princey Aristote entent souvent, ce semble, non pas seulement la souveraine dominacion, mais generalment quelconques poeste publique ou auctorité ou office honorable. — Avoir dominacion et principalité en une chose. »

Priorité, s. f. s. « Ceste priorité est selon nature et non pas selon temps. »

Probabilité, s. f. s. « Avoir probabilité que.... »

Procès [processus, marche], s. m. s. « Par procès de temps. — Ce procès est de la cause à l'effect. »

Procréation, s. f. s. « On laisse la procreation et generation des enfans proceder sans fin et sans terme. — Limiter et determiner la procreation et generation des enfans. »

Prodigalité, s. f. s., prodigue, s. m. s. « Prodigalité est fole largesce. — Prodige, c'est fol large. »

Profitablement, adv. « Lors est faitte la digestion moins hastivement et plus profitablement pour tout le corps. »

Prolonger, v. a. « La vie d'un tel corps puet estre prolonguée par regles de medecine. »

Promulgation, s. f. s., promulguer, v. a. « Loy est une promulgacion ou publicacion.... — Loy promulguée. »

Proportion, proportionnalité, s. f. s., proportionnel, adj., proportionnellement, adv. « Proporcion est le regard d'une chose à l'autre en quantité, et proportionalité c'est equalité de proporcions. — Les parties proporcioneles d'une heure. — Proportionelment, afin que la commensuracion et la mesure des unes parties ou regart des autres demeure et soit gardée. »

Propugnateur, s. m. s. « Avoir les diex propugnateurs, deffenseurs ou combattans pour soy. »

Prostituer, v. a. « Aucuns par grande abusion prostituent et deshonneurent moult de dignes choses. »

Prytane, s. m. s., prytanie, s. f. s. « Et autres les nomment pritannes, c'est aussi comme primiciers ou chevecíers ou prevosts ou chantres. — Princey ou office appelé pritannie. »

Purgation, s. f. s., purificatif, adj., purification, s. f. s., purifier, v. a. « Par purification il entent purgacion d'aucune passion. — Melodies purificatives. — La trompe et telz haus instrumens purifient de paour et meinent à hardiesce. »

Pusillanime, adj., pusillanimité, s. f. s. « Ilz sont trop humbles ou pusillanimes et chetifs. — Par pusillanimité. »

Quadrangle [carré], s. m. s., quadrature, s. f. s. « La premiere est triangle.... la ij[e] est quadrangle. — La querrue du cercle. »

Quintessence [sous la forme étymologique et explicative], s. f. s. « Ce est le ciel que l'en appelle la quinte essence qui est plus divine et plus precieuse pour ce que elle est plus haut que les elemens. »

Raréfaction, s. f. s., raréfier, v. a. « Quant un corps par

condempsacion est fait en mendre lieu ou par rarefaction en plus grant lieu. — Matiere rarefiée. »

Rationnel, adj. « Puissances [facultés] rationnelles. »

Ravissement, s. m. s. « Ravissement est quant l'ame est menée par aucune chose hors elle. »

Rébellion, s. f. s. « Rebellion occulte ou manifeste. — Rebellions perilleuses et terribles. — En celui qui est fort, ire, couardie, hardiesce ne font nulle rebellion contre raison. »

Réceptible, recevable, adj. « Corps receptible de enfermeté [infirmité]. — Le ciel ne est pas recevable de teles qualités actives et passives. »

Receveur, s. m. s. « Receveurs ou gens de comptes. »

Recouvreur [couvreur], s. m. s. « Recouvreur de maisons. »

Récréation, s. f. s. « Repos et recreation. »

Rectiligne, adj. « Figures rectilignes ou angulaires. »

Rectitude, adj. « Eubulie est rectitude de conseil. »

Récuser, v. a. « Il fuient et recusent ou heent deshonneur ou damage. »

Refléter, v. a., réflexion, s. f. s. « Recevoir lumiere et la reflecter. — En tel corps la lumiere se profunde peu ou nient, mez elle retourne par reflexion ou par infraction. — La lumiere que la lune a du solail n'est pas par fraction ou refraction ou reflexion. »

Réformation, s. f. s. « Quant à la correction ou mutacion des loys et à la reformacion de la policie..... Tele reformacion ou correction appartient à la multitude. »

Réfrigératif, adj. « Avoir vertu refrigerative ou de causer froidure. »

Regardeur, s. m. s. « Qu'ilz ne soient pas regardeurs

de comedie jusques à tant qu'ilz ayent l'eage. — Instituer et faire regardeurs [inspecteurs] sur le pueple. »

Réglet, s. m. s. « Ce qui est droit comme une ligne ou un reglet, il est droit partout. »

Régnable, adj. « Determiner quoy est regnable.... Regnable signifie par roy gouvernable. »

Régularité, s. f. s. « Corps dont nul ne puet recevoir regulaireté ne politure. — Regularité de mouvement. »

Relatif, adj., relation, s. f. s. « Grand et petit sont noms relatis. — Opposites par relacion. — Elle est tele en relation ou regart d'autre. »

Relégation, s. f. s., reléguer, v. a. « Relegacion, c'est bouter hors les gens excellens et les chacier de la cité. — Ne bannir ne releguer. »

Remémoration, s. f. s. « Par ce leur vient rememoration et se recordent des choses concupiscibles. »

Rémunération, s. f. s. « Les remuneracions [récompenses] de ceulz qui gardent justice. »

Réparation, s. f. s. « La reparation des edifices qui sont cheus ou ruineus. — La reparacion et regeneracion du pueple. »

Repeller [repellere], v. a. « Repeller la violence. — Injure à repeller. »

Répercuter, v. a. « Tel corps ne est pas miroir repercutant figures combien que il repercute coleur ou lumiere. »

Replet, adj., réplétion, s. f. s. « Nature trop replete. — Tendre à la repletion de sa concupiscence. — Delectacion est repletion de ce qui est selon nature. »

Représentation, s. f. s., représenter, v. a. « Imitation ou representation d'un objet. — Celui que l'ymage represente. — La lune represente la lumiere du solail en maniere de miroir. »

Répugnance, s. f. s. « Ce ne enclot ou implique quelconque contradiction ne aucune repugnance quant est de soy. »

Résidu, s. m. s. « Tout le résidu. — Distribuer le seurplus ou residu aus povres. — Quelconques residuz. »

Résignation, s. f. s. « Il le feist roy par resignacion en son vivant. »

Résistance, s. f. s. « Posé que une puissance meuve une resistence par certaine isnelté.... — Il mist en eulz resistences encontre ces vertus motivez. »

Résolu, adj. « Corps mixtes resolus en poudre et en terre et en vapeurs. — Figures resolutes en trianglez et en piramidez. »

Restitution, s. f. s. « Restitution de chose d'autrui injustement contretenue. »

Résumer, v. a. « Nous avons devant proposé aucunez doubtes et est bien de les resumer. »

Rétractement, s. m. s. « Retractemens de conventions. »

Rétribution, s. f. s. « Promesse de retribucion. — La retribution ou recompensation. »

Rétrograde, adj. « Mouvement retrograde. »

Revengeance, s. f. s. « Faire revengence...., soy revengier. »

Révérence [reverentia], s. f. s. « Reverence que le pere ne doit pas au filz. — La fille doit autre reverence au pere et autre à son mari. »

Rhubarbe [sous la forme étymologique, rhabarbarum], s. f. s. « Le reubarbare purge humeur colerique. »

Rhythme, s. m. s., rhythmer, v. a. « Il ne prent pas rimes, ainsi comme l'en use communement en françois de ce mot; il entent par rime toute mesure convenable de sillebes ou de sons. — Les rimes et mesures des prononciations. — Musique bien rimée. »

Rompement, s. m. s. « Sans la solucion et rompement de ceste loy. »

Rudement, adv., rudesse, s. f. s. « Loys rudement [grossièrement] composées. — Par la figure de leur corps et par la rudesce de leur entendement. »

Rural, adj. « Un dieu rural appelé Pan. »

Saltation, s. f. s. Saltacion.... par saltacion il entent tripudier ou trescher, caroler, dancier. »

Secondairement, adv. « Secondairement ou principalment. — Secondairement et moins principalment. »

Séditieusement, adv., séditieux, adj., sédition, s. f. s. « Il les fist mouvoir seditieusement et traitreusement contre les riches. — Cité seditieuse. — Cause de seditions. »

Séducteur, s. m. s. « Multitude deceue par aucuns faulz seducteurs. »

Ségrégé, part. p. p. « L'eaue segregée et separée de l'aer. »

Sensualité, s. f. s. « Meu [mû] de la sensualité. »

Sentencier, v. n. « Dire et sentencier [juger] comme celui sentenciast [jugerait] qui fist la loy. »

Séparé, adj. v., séparément, adv. « Ydée separée [abstraite]. — Substances separées [spirituelles]. — Vertu incorporel ou separée. — Divisément et separéement. »

Servile, adj., servilement, adv., servitude, s. f. s. « Artifice [art] servile. — Estre subject servilement [comme un serf]. — Servitute et liberté. — Mettre en servitute. »

Signification, s. f. s. « Signification impropre. »

Similitude, s. f. s. « Selon les similitudes que les enfans

ont à leurs parens. — Prodigalité a similitude à liberalité. — Ce puet estre declaré par une similitude. »

Singulièrement, adv. « Ilz ne souffroient pas que nul singulierement [à lui seul] eust ceste puissance. »

Sobriété, s. f. s. « Vertu de sobrieté. »

Solitaire, adj. « Aucuns hommes sont solitaires et non civilz [sociables]. »

Sollicitude, s. f. s. « Nature humaine de laquele Dieu a especial sollicitude et cure. »

Somptueux, adj. « Vie sumptueuse. — Oblacions sumptueuses. »

Sophisme, sophiste, s. m. s., sophisterie, s. f. s., sophistication, sophistique, adj., sophistiquer, v. a. « L'entente est double et [cela] est un paralogisme ou sophisme. — Teles raisons font les sophistes. — Faire sophisterie ou vanterie. — Sophistication de monnoies. — Arguement sophistique. — Raisons purement sophistiques. — Sophistiquer [éblouir] la multitude. — Sophistiquer [altérer] toutes choses. »

Sortial, adj. « Princez sortialz.... obtenus par sort et non par scrutine. »

Spécialité, s. f. s., spécifier, v. a. « Laquele est icy generalment touchée, quar l'especialité demeure en la discretion des ordeneurs de la policie. — Especifier les choses. »

Spéculatif, adj., spéculation, spéculative, s. f. s. « C'estoit un philosophe speculatif, qui n'estoit pas expert en vie politique, pratique et active. — Sciences speculatives. — Il n'est nulle speculation quelconque, tant soit haute et noble, que l'en ne deust laissier pour obvier aus perilz du bien publique. — En speculative [théorie] comme en pratique. »

Sphérique, adj. « Corps sperique. »

Spiritualité, s. f. s. « Aussi comme il n'est au monde que un solail qui signifie l'esperitualité ne que une lune qui denote la temporalité, semblablement doivent estre seulement ij princes souverains un espirituel et l'autre temporel. »

Stature, s. f. s. « Et se moquoit de son estature, quar il estoit petit. »

Subséquent, adj. « Les operations qui precedent et les subsequentes. »

Subside, s. m. s. « Payer grans rentes ou grans subsides. »

Substentation, s. f. s. « Pour la substentacion du corps. »

Substraction, s. f. s. « Substraction cauteleuse. »

Subvertir, v. a., subversion, s. f. s. « Subvertir le jugement. — Subversions de citez. »

Suffoquer, v. a. « L'eaue suffoque un homme. »

Superabondamment, adv., superabondance, s. f. s., superabonder, v. n. « Superhabundamment. — Par superhabundance ou excès. — Celui qui superhabunde ou excede en oser, il est fol hardi ou trop hardi. »

Superexcédence, s. f. s., superexcéder, v. n. « Superexcedence de malice. — Il superexcedoit. »

Superexcellence, s. f. s., superexcellent, adj., superexceller, v. n. « Superexcellence en bien. — Superexcellent en touz biens. — Il cuident superexceller et plus valoir que les autres. »

Superficie, s. f. s., superficiel, adj. « Superfice plane ou bien polie. — Solucion superficial. »

Superflu, adj., superfluité, s. f. s. « Chose superflue. — Superfluité de delectacions corporeles. — Despendre [dépenser] excessivement en superfluitez de mengier ou de boire. »

Supplément, s. m. s. « Ces chapitres sont supplément et perfections des iij derniers. »

Supposition, s. f. s. « Supposition false [fausse]. »

Syllogiser, v. n., syllogisme, s. m. s. « Sillogiser et arguer en soy meisme. — Par sillogisme. »

Symphonie, s. f. s. « Symphonie est concorde de pluseurs sons ensemble. »

Tardif [lent], adj. — Aus infortunes l'en doit estre paresceus et tardif de appeller ses amis. »

Terminaison, s. f. s. « Couples [couplets] d'un meisme nombre de sillebes et de semblable terminaison. »

Tétracorde, s. m. s. « Les iij tetracordes dyatonique, cromatique et enarmonique. »

Tétragone, s. m. s. « Tetragone est un corps qui a viij angles et iiij faces semblables et egales. »

Théâtre, s. m. s. « Un theatre. »

Théorie, s. f., s. « Telz gieux estoient diz theories ou spectacles. »

Théorique, s. f. s. « La theorique [théorie] des planetes. »

Tolérable, adj., tolérance, s. f. s. « Vices grans et non tolerables. — Par tolerance. »

Tortueusement, adv., tortueux, adj. « Les pierres se fendent tortueusement. — Ligne courve et tortueuse. »

Total, adj., totalement, adv. « Nombre total. — Totalment. »

Transfiguration, s. f. s. « Se lez elemens sont faiz un de l'autre par transfiguracion, il convient octroyer que aucuns corps soient indivisiblez. »

Transgresseur, s. m. s., transgression, s. f. s. « Transgresseurs de loys. — Prevarication est quelconque transgression de bonne loy. »

Transmuable, adj., transmutation, s. f. s. « Chose alterable et transmuable. — Telles passions et mouvemens de l'appetit ne sont pas sans transmutations corporelles et pour ce par verecunde et par paour de mort le corps et la face muent couleur. »

Transparent, adj. « L'aer est transparent. — Corps non dyaphanes ou non transparens. »

Transversal, adj. « Mouvemens transversains. — Ligne transversaine. »

Tremblement, s. m. s. « Mouvement ou tremblement de terre. »

Triérarque, s. m. s. « Trierarche, capitaine de nef. »

Trinité, s. f. s. « Tout corps a en soy trinité de dimensions. — En Dieu est trinité selon ce que, par sa puissance infinie, trinité et pluralité est en lui avec simple unité. »

Triomphal, adj., triomphe, s. m. s. « Titres triumphauls. — Triumphes et corones de lorier. »

Tyran, s. m. s., tyrannique, adj., tyranniser, v. n. « Estatuz tyranniques. — Il fu tyrant ou tyranniza iij ans. — Pysistratus en xxxiij ans tyranniza xvij ans. »

Unanimité, s. f. s. « Unanimité ou concorde. »

Uniforme, adj., uniformité, s. f. s. « Mouvement uniforme. — Uniformité de mouvement. »

Union, unité, s. f. s. « Grant unité ou union. — Le ydemptité ou unité. »

Universel, adj., universellement, adv. « Sainte eglise est une par universel monde. — En universel et en singulier. — En universel et en general. — Universelment. »

Usurper, v. a. « Usurper monarchie tyrannique.—Usurper la seigneurie. »

Vacation, s. f. s. « En vacation ou en repos. — Par vacation il entent repos ou cessation de labour. »

Vaciller, v. n. « Quant vient la passion, il vacille et varie. »

Valable, adj. « Conseil de femme est non valable. »

Variable, adj., variation, variété, s. f. s. « Les cas particuliers et les variations des circonstances des faiz sont innombrables.—Selon la variacion des inclinations et des meurs se diversifient les delectations. »

Vendable, adj. « Chose vendable. »

Vidange, s. f. s., vide, s. m. s. « Corps conjoins sans vieudenge [vide]. — Le vieu qui est es corps est cause de legiereté. »

Violemment, adv., violent, adj. « Corps meuz [mus] violentement. — Mouvement violente. »

Visiteur, s. m. s. « Les uns visiteurs des lettres, les autres secretaires ou notaires, les autres gardes des registres. »

Vitupérablement, adv. « Ilz aiment soy meismes vituperablement. »

Voir [verum], s. m. s., voirdisant, adj. « A chose fausse le voir se descorde bien tost. — Homme voirdisant [véridique].

Volement, s. m. s. « Aucuns par le chant et par le vol ou volement des oyseaulz devinoient en pronosticant d'aversité et de prosperité. »

Volutation, s. f. s. « Mouvement appellé volutation qui est comme rouler ou tomber. »

Zénith, s. m. s. « Le point du ciel qui est tout droit sus nostre teste est appellé cenith. »

Zodiaque, s. m. s. « Le zodiaque est comme une large rengée, noblement parée des ymages des signes, etc. »

Zone, s. f. s. « L'espere du ciel est divisée en v parties par les iiij mendres cercles et ces parties sunt appellées v zones. »

Vu et lu,
A Paris, en Sorbonne,
le 24 décembre 1856,

Par le doyen de la Faculté des lettres de Paris,
J. VICT. LE CLERC.

Permis d'imprimer :

Pour le vice-recteur,
L'inspecteur de l'Académie,
DESROZIERS.

TABLE.

INTRODUCTION .... Page 1

PREMIÈRE PARTIE.

VIE D'ORESME.

I. Premières années de la vie d'Oresme 3
II. Oresme au collége de Navarre 4
III. Oresme doyen de l'église de Rouen 12
IV. Oresme évêque de Lisieux 19
V. Circonstances douteuses de la vie d'Oresme 23

DEUXIÈME PARTIE.

OUVRAGES D'ORESME.

I. Ouvrages rédigés en latin qui subsistent encore aujourd'hui et dont l'authenticité ne saurait être révoquée en doute 30
II. Ouvrages rédigés en français qui subsistent encore aujourd'hui et dont l'authenticité ne saurait être révoquée en doute 48
III. Ouvrages rédigés en latin dont le texte ne se retrouve plus et dont l'authenticité peut être aussi bien affirmée que niée 111
IV. Ouvrages rédigés soit en latin soit en français dont l'authenticité a été ou peut être légitimement contestée 119

Résumé et Conclusion 138

APPENDICE.

I. Remarques sur quelques-unes des habitudes grammaticales d'Oresme 143
II. Fragments d'un lexique composé d'après les ouvrages français d'Oresme 161

NOTA.

Il y a dans cet Essai un certain nombre d'auteurs et de livres, dont les noms ou les titres ont été, pour plus de brièveté, cités sans indication de l'œuvre ou de la page dont il était question. Ce sont presque toujours ou des auteurs qui ont laissé des histoires de France ou des livres composés de notices biographiques. Pour vérifier les citations qui en ont été faites, il suffit donc d'ouvrir ces ouvrages ou au règne de Charles V ou à l'article d'Oresme.

Ch. Lahure, imprimeur du Sénat et de la Cour de Cassation,
rue de Vaugirard, 9, près de l'Odéon.

Défauts constatés sur le document original